La Popote
des potes

La Popote des potes

Aude de Galard, Leslie Gogois, Stéphan Lagorce et Laurence du Tilly

Photographies, Éric Fénot, Rina Nurra
et Philippe Vaurès-Santamaria
Stylisme, John Bentham, Delphine Brunet
et Lissa Streeter

Avec la collaboration de Gaz de France

HACHETTE
Pratique

La Popote des potes, ça dépote !

Avec ces 138 recettes super simples, vous allez pouvoir recevoir votre tribu à tour de bras... Il y en a pour tous les goûts : des recettes incontournables dont on a toujours besoin comme un bœuf bourguignon ou un bon gâteau au chocolat en passant par des associations qui titillent les papilles telles qu'un cappuccino de fèves ou une poêlée d'ananas, gingembre et cacao. Vous avez ainsi toutes les cartes en main pour ravir les gourmands qui viendront dîner chez vous ou régaler vos petites faims de dernière minute.

Le concept est simple : copains depuis un bail et tous plus mordus de cuisine les uns que les autres, nous avons compilé nos recettes fétiches pour vous faciliter la vie en cuisine. Le but ? Mixer nos savoir-faire et nos astuces pour vous donner un coup de pouce aux fourneaux. Chacun des potes a apporté son petit grain de sel pour ce livre de recettes haut en saveur... que ce soit Laurence avec ses tuyaux immanquables, Stéphan et ses conseils de pro ou Aude et Leslie avec leurs bottes secrètes. Comme vous le voyez, on s'est vraiment mis en quatre pour que vous puissiez recevoir sans prise de tête et aussi souvent que vous le souhaitez. Vous ne serez jamais à court d'idée ni d'envie !

En plus, toutes les occasions de recevoir sont bonnes à prendre : au fil des pages, vous découvrirez des recettes simplissimes pour un dîner de dernière minute, des petits plats chics pour les soirs chocs et aussi des recettes love à grignoter les yeux dans les yeux. Sans oublier nos péchés mignons sortis tout droit de notre enfance gourmande et qu'on est toujours content de maîtriser. Ah ! la joie de sortir un bon plat du four et de voir tous ceux qu'on aime se régaler...

On espère de tout cœur que notre quatuor de choc qui a cuisiné à huit mains va décupler votre envie de cuisiner... Alors à vous de piocher les petits plats qui vous ressemblent pour devenir le pro des dînettes improvisées, des grandes tablées ou des soirs de fête.

Laurence, Aude, Leslie et Stéphan

sommaire

Bons plans
pour épater

Question frime et épate, les potes sont passés maîtres ! En suivant nos conseils vous allez sans doute faire aussi bien que nous. Comment faire fondre l'assistance avec seulement quelques petits produits de rien du tout ? Comment bluffer les chefs avec des tours de main qui gagnent un temps fou ? Comment redonner des couleurs à un quotidien qui finit par lasser ? Avec les idées des potes bien sûr et leurs recettes qui décoiffent. Préparez-vous à snober tout le monde, même les plus difficiles !

Mais si les potes aiment bluffer, pas d'esbroufe ni de fausses « bonnes » recettes qui paraissent si bien sur le papier et se transforment en cauchemar quand les invités passent à table… Non, ici, nous allons juste vous montrer à travers vingt-trois recettes comment on passe du simple à l'original, du correct au bon, et du neutre au raffiné. Avec Aude et Leslie, les deux Wonder Women à la pointe de la tendance, Laurence super pointue pour les décors et les idées qui dépotent, et Stéphan le pro de la cuisine, vous êtes en de bonnes mains pour vous faire passer pour un big chef. Alors, à vous de jouer !

Tartelettes pommes et foie gras

PRÉPARATION 20 MIN | **CUISSON** 20 MIN | **COÛT** ★★★ | **DIFFICULTÉ** ★★ |

MATÉRIEL SPÉCIFIQUE 4 MOULES À TARTE INDIVIDUELS

1 Préchauffez le four à 210 °C (th. 7). Dans la pâte feuilletée, découpez 4 disques d'un diamètre légèrement supérieur à celui des moules. Étalez les disques de pâte dans les moules individuels beurrés. Piquez le fond à l'aide d'une fourchette et faites cuire au four 20 min, jusqu'à ce que les fonds de tarte soient cuits et bien dorés.

2 Pendant ce temps, épluchez les pommes à l'aide d'un couteau économe en les laissant entières. Évidez-les à l'aide d'un vide-pomme, ou d'un couteau, puis découpez-les en tranches assez fines. Dans une poêle, faites chauffer le beurre et ajoutez les pommes en rondelles. Faites-les revenir 10 min environ. Réservez hors du feu.

3 Disposez les fines tranches de pomme en rosace sur les fonds de tarte cuits. Réservez. Découpez le foie gras en 4 tranches. Dans une poêle antiadhésive, faites revenir les tranches de foie gras quelques secondes de chaque côté. Puis déposez-les sur les pommes. Salez et poivrez. Servez immédiatement.

Les ingrédients pour 4 personnes

1 pâte feuilletée toute prête

1 noisette de beurre pour les moules

3 pommes vertes (granny smith)

40 g de beurre

300 g de foie gras de canard frais

sel et poivre

Astuces_ • Pour encore plus de saveur, vous pouvez faire revenir vos pommes dans 2 cuil. à soupe de graisse de canard. Dans ce cas-là, n'oubliez-pas de supprimer le beurre.
• Pour découper de belles tranches de foie gras sans les casser, utilisez un couteau dont vous aurez trempé la lame dans de l'eau très chaude.

Pour varier_ **Tarte pommes de terre et foie gras**. Il suffit de remplacer les pommes vertes par 4 pommes de terre cuites à l'eau et coupées en rondelles.

le verre de vin qui va bien

Avec cette belle recette, proposez un vin doux et agréable, à servir frais.
Essayez un petit coteaux-du-layon par exemple.

Coquelets grillés au guacamole épicé

PRÉPARATION 10 MIN | **CUISSON** 25 MIN | **COÛT** ★ | **DIFFICULTÉ** ★

→ BIEN PRÉPARÉ, LE COQUELET EST UNE SAVOUREUSE VOLAILLE ET UNE EXCELLENTE ALTERNATIVE À L'INCONTOURNABLE POULET. SURPRENEZ VOS INVITÉS !

1 Demandez au boucher de préparer le coquelet « en crapaudine ». De cette manière, la volaille est pratiquement désossée et à peine plus épaisse qu'une grosse entrecôte. Salez et poivrez les coquelets et huilez-les très légèrement avec un peu d'huile d'olive.

2 Posez les coquelets ainsi préparés sur la grille de cuisson du barbecue et faites cuire 25 min environ en les retournant plusieurs fois.

3 Pendant ce temps, préparez le guacamole. Ouvrez les avocats, ôtez le noyau et récupérez la chair. Épluchez la gousse d'ail, ôtez le germe s'il y en a un, et hachez finement la gousse. Dans un mixeur, assemblez tous les ingrédients (avocats, ail, citron, *ras-el-hanout*, huile d'olive, piment), et réduisez-les en une pâte aussi fine que possible. Goûtez puis salez et poivrez à votre goût. N'hésitez pas à ajouter plus de jus de citron ou de *ras-el-hanout*. Versez le guacamole dans un bol et gardez-le au réfrigérateur.

4 Quand les coquelets sont cuits, servez-les aussitôt avec le guacamole.

Les ingrédients pour 4 personnes

4 petits coquelets

huile d'olive

sel et poivre noir

Pour le guacamole

2 avocats bien mûrs

1 gousse d'ail

le jus d'1 citron vert

1 cuil. à café rase de *ras-el-hanout*
    (épices pour couscous)

2 cuil. à soupe d'huile d'olive

1/4 de piment rouge frais sans pépin

sel et poivre noir

le tuyau
de laurence

Vous pouvez épaissir votre guacamole avec de la farine de manioc, comme aux Antilles. C'est délicieux et cela donne plus de consistance à votre plat.

le truc
de stéphan

On reproche souvent aux coquelets (mais aussi à la volaille en général) d'être trop fades. Pour remédier à cela, faites-les mariner un moment avant la cuisson avec un peu d'huile, des oignons, de l'ail, des épices, du miel, des vinaigres, des jus de fruits, etc. Il n'y a pas d'autres recettes que celles dictées par votre imagination. Faites vos essais...

Crumble d'agneau, origan et parmesan

PRÉPARATION 30 MIN | **CUISSON** 25 MIN | **COÛT** ★★ | **DIFFICULTÉ** ★★

1 Dans une casserole d'eau bouillante salée, faites cuire les pommes de terre 20 min environ. Pendant ce temps, épluchez et coupez l'oignon et l'ail en quatre. Ôtez le germe de la gousse d'ail s'il y en a un. Dans un robot, hachez l'agneau avec l'ail, l'oignon et l'origan.

2 Dans une poêle, faites chauffer l'huile. Ajoutez la viande hachée et laissez-la cuire 4 min en remuant régulièrement. Râpez la moitié du cube de bouillon aux herbes dans 1/2 verre d'eau chaude et mélangez bien pour obtenir un bouillon. Versez-le sur l'agneau et laissez cuire 5 min à nouveau.

3 Préchauffez le four à 200 °C (th. 6-7). Beurrez un plat à gratin. Quand les pommes de terre sont cuites, égouttez-les et épluchez-les. Coupez-les en fines rondelles. Répartissez-les dans le fond du plat, puis tartinez-les de moutarde. Ajoutez la viande cuite par-dessus.

4 Pour la pâte à crumble, faites ramollir le beurre au micro-ondes. Râpez grossièrement le parmesan. Dans un saladier, mélangez la farine avec le parmesan râpé, la chapelure et le beurre ramolli.

5 Malaxez la préparation avec les mains puis émiettez-la du bout des doigts pour lui donner une consistance sableuse (comme une grosse semoule). Ajoutez la pâte sur l'agneau en une couche régulière. Faites cuire au four 20 à 25 min environ. Servez immédiatement.

Les ingrédients pour 6 personnes

Pour la garniture

4 pommes de terre

1 oignon

1 gousse d'ail

1 cuil. à soupe d'origan

600 g d'épaule d'agneau désossée
    et coupée en morceaux

2 cuil. à soupe d'huile d'olive

1/2 cube de bouillon aux herbes

1 noisette de beurre pour le plat

1 cuil. à soupe de moutarde forte

sel et poivre

Pour la pâte

100 g de beurre

80 g de parmesan

120 g de farine

4 cuil. à soupe de chapelure

la botte secrète d'aude et leslie

Pour varier les plaisirs, sachez que vous pouvez remplacer l'origan par de la menthe finement coupée. Variez aussi les parfums des moutardes : estragon, poivre vert...

le verre de vin qui va bien

Si vous sortez le grand jeu en proposant cette recette à vos amis, surprenez-les également avec une bonne bouteille étrangère. Proposez un vin libanais produit dans la vallée de la Bekaa par exemple.

Pot-au-feu de lapin aux agrumes

PRÉPARATION 15 MIN I **CUISSON** 1 H 05 I **COÛT** ★★ I **DIFFICULTÉ** ★★

→ VOICI UNE RECETTE ORIGINALE ET QUI MÉRITE D'ÊTRE ESSAYÉE. LE LAPIN CUIT EN POT-AU-FEU EST TRÈS BON ET SE MARIE AGRÉABLEMENT AVEC LA SAVEUR DES AGRUMES. OSEZ !

1 Placez le lapin dans une marmite et recouvrez-le d'eau froide jusqu'à 2 cm au-dessus du niveau de la viande. Portez à ébullition, retirez l'écume qui se forme à la surface, et laissez bouillir à feu doux pendant 30 min.

2 Pendant ce temps, épluchez les oignons, les navets et les carottes ; passez sous l'eau le céleri et les poireaux. Ajoutez dans la marmite tous les légumes, ainsi que le bouquet garni, les grains de poivre, le clou de girofle et le gingembre. Comptez alors 35 min de cuisson à feu très doux : l'ébullition doit être visible mais très lente. Si le niveau du bouillon baisse perceptiblement, rajoutez un peu d'eau pour revenir à la hauteur initiale.

3 Pendant ce temps, coupez en quartiers les pamplemousses et les oranges. Au terme des 35 min de cuisson, éliminez le bouquet garni et goûtez le bouillon. Salez, poivrez. Ajoutez les quartiers d'agrumes sans leur jus, mélangez très délicatement et servez aussitôt.

Les ingrédients pour 4 à 6 personnes

1 lapin découpé

8 oignons nouveaux, avec leur fane verte

8 petits navets

8 carottes nouvelles

4 tiges de céleri

4 petits poireaux

1 bouquet garni

8 grains de poivre noir

1 clou de girofle

1 cuil. à café de gingembre frais

2 pamplemousses

2 oranges sanguines

sel et poivre

le tuyau de laurence

Prélevez deux beaux zestes d'orange à l'aide d'un couteau économe et mettez-les dans la cocotte en même temps que les légumes. Dans ce cas utilisez des oranges bio, non traitées.

le verre de vin qui va bien
Avec ce lapin aux agrumes, servez un brouilly.

Soupe thaïe de canard et crevettes

PRÉPARATION 25 MIN I **CUISSON** 15 MIN I **COÛT** ★★ I **DIFFICULTÉ** ★★

1 Salez et poivrez les filets. Dans une poêle, faites chauffer l'huile et faites sauter à feu assez vif les filets de canard, côté peau sur le fond de la poêle, pour les faire dorer. Retournez-les ensuite pour faire cuire les filets. Comptez 15 min de cuisson environ. Laissez refroidir la viande cuite entre deux assiettes pendant 5 min. Découpez les filets en tranches puis répartissez-les dans des grands bols ou dans des assiettes creuses.

2 Incisez les queues de crevette dans la longueur, puis plongez-les 20 s dans de l'eau bouillante salée. Égouttez-les puis placez-les dans les bols de service avec le canard.

3 Épluchez les tiges de citronnelle, et hachez la pulpe. Faites blanchir les pois gourmands en les plongeant 1 min dans l'eau bouillante. Coupez finement les pousses de bambou. Faites chauffer le bouillon de volaille jusqu'à ce qu'il frémisse et ajoutez le jus du citron vert, la citronnelle, le gingembre, le sucre, mélangez et laissez infuser sans faire bouillir pendant 10 min. Ajoutez les pois et les bambous pour les faire réchauffer quelques instants.

4 Versez délicatement le bouillon brûlant sur la viande et les crevettes en répartissant au mieux le bambou et les pois. Décorez chaque bol avec de la coriandre. Servez très chaud.

Les ingrédients pour 4 à 6 personnes

2 beaux filets de canard

4 cuil. à soupe d'huile d'arachide

12 belles queues de crevettes crues
    décortiquées

sel et poivre noir

Pour la soupe

2 tiges de citronnelle

150 g de pois gourmands

100 g de pousses de bambou (en boîte)

80 cl de bouillon de volaille

1 citron vert

1 cuil. à café de gingembre frais haché

1 cuil. à café de sucre en poudre

1 botte de coriandre

le tuyau de laurence

Pour un dépaysement total, utilisez des bols chinois et servez cette soupe avec des baguettes... Eh oui, même avec une soupe !

le verre de vin qui va bien

Avec cette soupe parfumée, servez un blanc ou un rouge léger de Loire.

Tajine de gambas, ananas et gingembre

PRÉPARATION 25 MIN | **CUISSON** 35 MIN | **COÛT** ★★★ | **DIFFICULTÉ** ★★

1 Pelez les gousses d'ail et la racine de gingembre. Hachez-les ou coupez-les en tout petits dés. Décortiquez les crevettes crues, incisez leur dos afin de supprimer le boyau noir. Lavez les poivrons, coupez-les en deux dans le sens de la longueur, ôtez les graines et coupez la chair en lanières. Égouttez les rondelles d'ananas et conservez 5 cl de sirop. Coupez chaque tranche en huit.

2 Mettez une cocotte à chauffer avec l'huile d'olive, ajoutez les poivrons, l'ail et le gingembre. Laissez cuire 10 min puis ajoutez les morceaux d'ananas, le sirop d'ananas, salez et poivrez. Couvrez et laissez cuire 20 min.

3 Déposez les crevettes dans un plat creux, saupoudrez de cumin et arrosez avec le jus de citron. Laissez mariner le temps de la cuisson des légumes.

4 Au bout des 20 min de cuisson, ajoutez les crevettes dans la cocotte, salez, poivrez, mélangez et poursuivez la cuisson 5 min. Servez bien chaud.

Les ingrédients pour 4 à 6 personnes

3 gousses d'ail

4 cm de racine de gingembre frais

20 gambas crues

2 poivrons rouges

1 petite boîte d'ananas en sirop

2 cuil. à soupe d'huile d'olive

1 cuil. à café de cumin en poudre

le jus d'1 citron vert

sel et poivre

le tuyau de laurence

Ajoutez 10 cl de lait de coco à la fin de la recette et vous serez transporté en Asie !

le truc de stéphan

La texture croquante et agréable des crevettes est exactement proportionnelle à leur fraîcheur : moins elles sont fraîches, plus elles sont molles et raplapla. Le mieux est d'acheter des crevettes surgelées et de les faire décongeler vous-même.

Foie gras chaud
aux pousses d'épinard et roquette

PRÉPARATION 30 MIN I **CUISSON** 5 MIN I **COÛT** ★ I **DIFFICULTÉ** ★

→ TOUTE SIMPLE ET TOUTE BONNE, CETTE RECETTE VOUS CATALOGUERA
COMME " SUPER CORDON BLEU " DE MANIÈRE DÉFINITIVE. POUR BIEN LA RÉUSSIR,
IL FAUT DU FOIE GRAS TRÈS FRAIS.

1 Lavez les pousses d'épinard et la roquette à grande
eau. Essorez et réservez dans un saladier. Pour
préparer la vinaigrette, épluchez et hachez l'échalote ;
coupez finement la ciboulette. Dans un saladier, fouettez
le vinaigre, l'huile d'olive, l'échalote et la ciboulette.

2 Au moment de passer à table, salez et poivrez
les pousses d'épinard et la roquette. Ajoutez
la vinaigrette, puis mélangez. Posez ensuite quelques
cuillerées de salade en dôme sur chaque assiette.

3 Faites chauffer une poêle à fond antiadhésif à feu
modéré. Salez et poivrez les escalopes de foie gras.
Posez-en dans la poêle et faites cuire 1 à 2 min
en retournant au moins une fois.

4 Posez-les ensuite sur du papier absorbant. Jetez
la graisse de la poêle et recommencez l'opération
avec les escalopes restantes.

5 Déposez les escalopes cuites et chaudes sur
la salade et servez aussitôt.

Les ingrédients pour 8 personnes

300 g de pousses d'épinard

150 g de roquette

8 escalopes de foie gras frais de canard

sel et poivre

Pour la vinaigrette

1 échalote

1 botte de ciboulette

4 cuil. à soupe de vinaigre de xérès

10 cuil. à soupe d'huile d'olive

le tuyau
de laurence

Agrémentez votre salade de fines lamelles de mangue fraîche...
Les adeptes du sucré-salé apprécieront.

le truc
de stéphan

Les pousses d'épinard crues sont très riches en fibres, en minéraux
et en antioxydants. Pour bénéficier de leurs avantages, achetez des pousses
très fraîches et consommez-les le jour de l'achat.

Farfalles à la crème d'artichaut et truite fumée

PRÉPARATION 15 MIN I **CUISSON** 9 MIN I **COÛT** ★★ I **DIFFICULTÉ** ★★

→ L'ARTICHAUT ET LA SAVEUR GÉNÉREUSE DE LA TRUITE FUMÉE FONT TELLEMENT BON MÉNAGE ! POURTANT, CETTE ASSOCIATION NE COULE PAS DE SOURCE, IL FALLAIT Y PENSER !

1 Dans une casserole d'eau bouillante salée, faites cuire les fonds d'artichaut 12 min environ. Dans une seconde grande casserole d'eau bouillante salée, versez 1 cuil. à soupe d'huile d'olive et faites cuire les farfalles *al dente* comme indiqué sur le paquet (9 min environ).

2 Pendant ce temps, découpez la truite en fines lamelles à l'aide de ciseaux. Lavez et coupez finement le persil plat.

3 Une fois les fonds d'artichaut cuits, égouttez-les bien. Puis passez-les au mixeur avec la crème liquide, le mascarpone et le persil plat. Salez et poivrez généreusement. Dans une casserole, faites chauffer la sauce obtenue à feu doux sans la faire bouillir.

4 Lorsque les pâtes sont cuites, égouttez-les bien et répartissez-les dans quatre assiettes creuses. Nappez-les de sauce aux artichauts. Ajoutez les lamelles de truite, les œufs de saumon et, au centre, les brins d'aneth lavé.

Les ingrédients pour 4 personnes

8 fonds d'artichaut surgelés

1 cuil. à soupe d'huile d'olive

400 g de farfalles

300 g de truite fumée

5 brins de persil plat

20 cl de crème liquide

100 g de mascarpone

4 cuil. à soupe d'œufs de saumon

4 brins d'aneth pour la déco

fleur de sel et poivre du moulin

Astuce_ Vous pouvez remplacer la truite fumée par du saumon fumé ou du flétan fumé.

la botte secrète d'aude et leslie

Troquez les lamelles de truite fumée, les œufs de saumon et l'aneth par des copeaux de parmesan et du jabugo. Ce jambon cru espagnol est certes hors de prix mais laissez-vous tenter les jours de fête...

le verre de vin qui va bien

Un verre de muscadet de bonne qualité, tout simplement.

Risotto au safran et saint-jacques poêlées

PRÉPARATION + CUISSON 1 H I **COÛT** ★★★ I **DIFFICULTÉ** ★★★

1 Préparez le bouillon : dans une casserole, portez à ébullition 1,5 l d'eau. Quand elle bout, ajoutez les cubes de bouillon et mélangez bien pour les diluer. Lavez les blancs de poireaux et émincez-les finement.

2 Dans un faitout, faites chauffer le premier filet d'huile. Ajoutez les poireaux et faites-les fondre 8 min environ. Salez et poivrez. Pendant ce temps, rincez les noix de saint-jacques. Lavez le cerfeuil et coupez-le finement. Épluchez les échalotes et émincez-les.

3 Puis ajoutez le riz dans le faitout et faites-le cuire 2 min à feu doux jusqu'à ce qu'il devienne translucide, en remuant. Versez le vin et continuez de mélanger. Une fois le vin absorbé, ajoutez 1 louche de bouillon. Poursuivez la cuisson jusqu'à ce que le bouillon soit bien absorbé en mélangeant constamment. Répétez l'opération louche après louche jusqu'à ce qu'il n'y ait plus de bouillon, toujours en remuant (25 min environ).

4 Pendant ce temps, dans une casserole, faites chauffer la noix de beurre. Ajoutez les échalotes et faites-les revenir 3 min. Versez les 4 cuil. à soupe de vin blanc et laissez cuire 2 min. Puis ajoutez la crème. Salez et poivrez. Laissez cuire 4 min à nouveau. Ajoutez le safran et le cerfeuil.

5 Épluchez la gousse d'ail et hachez-la. Dans une poêle antiadhésive, faites chauffer le second filet d'huile. Ajoutez l'ail et les saint-jacques et faites-les poêler 6 min en les retournant régulièrement.

6 À la fin de la cuisson du risotto et hors du feu, ajoutez la sauce au safran dans le faitout. Salez et poivrez selon vos goûts. Mélangez et laissez reposer 2 min. Servez le risotto dans six assiettes creuses et ajoutez 2 noix de saint-jacques au centre.

Les ingrédients pour 6 personnes

Pour le risotto

2 cubes de bouillon de légumes

3 blancs de poireaux

12 belles noix de saint-jacques avec leur corail

400 g de riz arborio

15 cl de vin blanc sec

1 gousse d'ail

2 beaux filets d'huile d'olive

sel et poivre

Pour la sauce au safran

½ bouquet de cerfeuil

2 échalotes

4 cuil. à soupe de vin blanc sec

15 cl de crème fraîche

½ dosette de safran en poudre

1 noix de beurre pour la casserole

Pâtes fraîches aux asperges et aux gambas

PRÉPARATION 25 MIN **I CUISSON** 3 MIN **I COÛT** ★★★ **I DIFFICULTÉ** ★★

→ UNE PETITE RECETTE POUR ÉPATER LA GALERIE. ON NE VOUS EN DIT PAS PLUS MAIS ÇA VAUT LE COUP DE CASSER SA TIRELIRE...

1 Lavez et coupez finement le persil plat. Passez les pointes d'asperge sous l'eau claire. Épluchez et coupez finement les échalotes.

2 Décortiquez les gambas, coupez-les en morceaux et gardez leurs têtes. Dans une grande poêle, faites chauffer 1 beau filet d'huile d'olive. Ajoutez les échalotes et faites-les revenir 2 min. Ajoutez les gambas et leurs têtes et saisissez 2 min environ en remuant sans cesse. Salez et poivrez. Versez le cognac, puis faites flamber les gambas avec une allumette. Ôtez les têtes et conservez au chaud.

3 Portez une grande casserole d'eau à ébullition. Plongez les pointes d'asperge et laissez-les cuire 3 à 5 min environ (selon leur grosseur) jusqu'à ce qu'elles soient cuites mais croquantes. Égouttez-les bien.

4 Dans une seconde casserole d'eau bouillante, ajoutez le bouillon de légumes, puis plongez les tagliatelles et faites-les cuire *al dente* comme indiqué sur le paquet (3 min environ).

5 Une fois les pâtes cuites, égouttez-les bien et déposez-les dans un plat creux. Arrosez-les d'1 filet d'huile d'olive. Salez, poivrez et mélangez bien. Ajoutez au centre les gambas poêlées et les pointes d'asperge. Parsemez le tout de persil plat.

Les ingrédients pour 4 personnes

½ botte de persil plat

300 g de pointes d'asperge

2 échalotes

20 gambas

2 beaux filets d'huile d'olive

2 cuil. à soupe de cognac

2 cuil. à café de bouillon de légumes

400 g de tagliatelles fraîches

sel et poivre

Astuces_ • Pour des saveurs encore plus parfumées, ajoutez 1 cuil. à soupe de sauce pesto que vous mélangerez avec 1 beau filet d'huile d'olive pour assaisonner vos pâtes au dernier moment. • Ajoutez aussi un peu de safran dans la poêlée de gambas.

Cappuccino de fèves et coriandre

PRÉPARATION 15 MIN | **CUISSON** 6 MIN | **COÛT** ★ | **DIFFICULTÉ** ★★★

→ POUR FRIMER BRANCHÉ, PRÉPAREZ CE CAPPUCCINO D'UN NOUVEAU GENRE. IDÉALEMENT, PRÉPAREZ-LE AU PRINTEMPS AVEC DES FÈVES FRAÎCHEMENT ÉCOSSÉES. SINON, VOUS TROUVEREZ DES FÈVES SURGELÉES ASSEZ FACILEMENT EN GRANDES SURFACES. NE REMPLACEZ LA CORIANDRE SOUS AUCUN PRÉTEXTE : C'EST ELLE QUI APPORTE TOUT LE PEPS À CETTE RECETTE.

1 Versez la crème liquide dans un saladier et placez-le au réfrigérateur.

2 Portez à ébullition une grande casserole d'eau. Ajoutez le cube de bouillon et remuez bien pour le diluer. Puis ajoutez les fèves encore surgelées et faites-les cuire 6 min environ.

3 À la fin de la cuisson, passez au mixeur les fèves avec la crème fraîche, le persil plat, le sel, le poivre et une bonne partie du bouillon. Rajoutez-en jusqu'à obtention de la consistance voulue. Rectifiez l'assaisonnement si nécessaire. Répartissez la soupe de fèves dans des tasses ou des verres transparents.

4 Sortez le saladier de crème liquide du réfrigérateur et montez la crème liquide en chantilly avec le sel de céleri à l'aide d'un batteur électrique. Actionnez le batteur d'abord doucement, puis plus rapidement jusqu'à la bonne consistance de chantilly. Ajoutez 1 noix de crème Chantilly et 1 belle pincée de paprika sur le dessus de chaque cappuccino.

Les ingrédients pour 4 personnes

1 cube de bouillon de légumes

600 g de fèves extra-fines surgelées

2 cuil. à soupe de crème fraîche

4 brins de persil plat

4 belles pincées de paprika en poudre

sel et poivre

Pour la chantilly au sel de céleri

20 cl de crème liquide

4 pincées de sel de céleri

Astuce_ Si vous n'avez pas de sel de céleri, remplacez-le par du sel fin normal.

le tuyau de laurence

J'adore remplacer le persil plat par de la menthe bien odorante !

Lapin à la moutarde

PRÉPARATION 10 MIN I **CUISSON** 45 MIN I **MARINADE** 20 MIN I **COÛT** ★★ I **DIFFICULTÉ** ★ I
MATÉRIEL SPÉCIFIQUE 1 COCOTTE

1 Dans un grand plat, mélangez la crème et la moutarde. Ajoutez les morceaux de lapin et tournez-les pour bien les enrober. Laissez mariner au réfrigérateur pendant 20 min.

2 Pelez et émincez l'oignon. Mettez votre cocotte sur le feu avec l'huile d'olive et ajoutez les oignons. Quand ils sont translucides, égouttez sommairement la viande et faites-la revenir dans la cocotte. Quand les morceaux sont un peu dorés, versez le reste de crème et mélangez. Couvrez, baissez le feu et laissez mijoter 45 min.

3 Servez ce lapin à la moutarde avec du riz ou des pâtes fraîches.

Les ingrédients pour 4 personnes

50 cl de crème fraîche épaisse
100 g de moutarde forte de Dijon
1 lapin coupé en morceaux
1 oignon
1 cuil. à soupe d'huile d'olive
    pour la cocotte
sel et poivre

le tuyau de laurence

Ajoutez 1 barquette de lardons que vous ferez revenir en même temps que la viande.

le truc de stéphan

Faites la recette comme indiqué mais utilisez de la moutarde à l'ancienne.

Zarzuela

PRÉPARATION 25 MIN | **CUISSON** 55 MIN | **COÛT** ★★★ | **DIFFICULTÉ** ★★

→ CETTE RECETTE CATALANE EST VRAIMENT DÉLICIEUSE. ON PEUT LA FAIRE AVEC À PEU PRÈS TOUS LES POISSONS QUE L'ON VEUT SAUF POUR LE BOUILLON OÙ LES ROUGETS GRONDINS (OU LES PETITS POISSONS DE ROCHES) SONT INDISPENSABLES.

1 Préparez le bouillon. Coupez le poisson en tranches ou faites-le faire par votre poissonnier. Hachez l'oignon et le blanc de poireau. Coupez les tomates en tranches et épluchez les gousses d'ail.

2 Dans une cocotte, faites chauffer l'huile d'olive à feu moyen, puis ajoutez le poisson. Faites cuire pendant 1 min en mélangeant. Ajoutez l'oignon et le poireau et faites cuire 2 min. Ajoutez les tomates et l'ail. Couvrez la cocotte et laissez cuire à feu assez doux pendant 10 min, en remuant de temps en temps. Ajoutez le vin, le fumet, le safran et laissez cuire à feu doux 40 min. Filtrez la préparation à l'aide d'un moulin à purée pour bien presser la pulpe du poisson et des légumes, et récupérez le bouillon. Salez et poivrez.

3 Épluchez les pommes de terre et faites-les cuire pendant 20 à 25 min à l'eau bouillante. Rincez les calamars sous l'eau pour retirer le sable. Coupez la lotte en morceaux et les filets de daurade en deux. Dans une grande cocotte, versez le bouillon. Ajoutez les pommes de terre, la lotte, la daurade, les rougets, les moules, les langoustines et les calamars. Couvrez la cocotte et faites cuire à feu doux pendant 10 min environ. Servez brûlant.

Les ingrédients pour 6 personnes

Pour le bouillon

1 kg de rougets grondins ou poissons de roches

1 oignon

1 blanc de poireau

500 g de tomates

6 gousses d'ail

6 cuil. à soupe d'huile d'olive

10 cl de vin blanc sec

40 cl de fumet de poisson

1 pincée de safran

sel et poivre

Pour le poisson et les légumes

400 g de petites pommes de terre

300 g de calamars coupés en anneaux

600 g de lotte

500 g de filets de daurade

3 rougets

6 moules d'Espagne prêtes à cuire

6 langoustines

le truc de stéphan

Le bouillon de base doit être bien corsé et concentré car les morceaux de poisson qui cuisent dedans à l'étape 3 donnent un jus qui a tendance à l'affadir.

le verre de vin qui va bien

Un rosé de qualité du Languedoc-Roussillon.

Tartelettes sablées au café sauce chocolat

PRÉPARATION 25 MIN I **CUISSON** 1 H 10 I **COÛT** ★ I **DIFFICULTÉ** ★★ I
MATÉRIEL SPÉCIFIQUE 8 MOULES À TARTE INDIVIDUELS

→ CES TARTELETTES FERONT GRAND EFFET AUPRÈS DE VOS COPAINS. INRATABLES, ELLES FERONT L'UNANIMITÉ GRÂCE À CE SUBTIL MÉLANGE CAFÉ-CHOCOLAT.

1 Préchauffez le four à 180 °C (th. 6). Dans chaque pâte sablée, découpez 4 disques d'un diamètre légèrement supérieur à celui des moules. Étalez les 8 disques de pâte dans les moules individuels beurrés. Piquez le fond à l'aide d'une fourchette et faites cuire au four 10 min environ.

2 Préparez l'équivalent de 30 cl de café fort (3 petites tasses). Quand il est encore chaud, versez-le dans un saladier, ajoutez le sucre en morceaux et le beurre en tout petits morceaux et mélangez bien jusqu'à ce que le sucre et le beurre fondent.

3 Dans un autre saladier, battez les œufs entiers avec le sucre en poudre jusqu'à ce que le mélange blanchisse. Ajoutez le mélange café-beurre dans la préparation aux œufs. Mélangez à nouveau. Versez sur le fond de tarte précuit et faites cuire au four 1 h 10 à 90 °C (th. 3) jusqu'à ce que la crème au café ait pris. À la sortie du four, laissez bien refroidir.

4 Juste avant de servir, préparez la sauce au chocolat : dans une casserole à feu très doux, faites fondre le chocolat avec la crème liquide. Mélangez souvent jusqu'à l'obtention d'une sauce onctueuse.

5 Démoulez vos tartelettes, saupoudrez-les de sucre glace, parsemez d'amandes effilées et servez-les immédiatement, accompagnées de la sauce au chocolat.

Les ingrédients pour 8 personnes

Pour la tarte au café

2 pâtes sablées
30 cl de café fort
4 morceaux de sucre
80 g de beurre
6 œufs
200 g de sucre en poudre
3 cuil. à soupe de sucre glace
6 cuil. à soupe d'amandes effilées
2 noisettes de beurre pour les moules

Pour la sauce au chocolat

200 g de chocolat noir
5 cuil. à soupe de crème liquide

Astuce_ Vous pouvez remplacer les amandes effilées par des noix de pécan.

Petits pots de crème au Bailey's

PRÉPARATION 10 MIN | **CUISSON** 20 MIN | **RÉFRIGÉRATION** 30 MIN | **COÛT** ★★ | **DIFFICULTÉ** ★ |

MATÉRIEL SPÉCIFIQUE 6 RAMEQUINS

→ UN DESSERT SIMPLE ET RAPIDE À RÉALISER, QUI BLUFFERA VOS AMIS
POUR TERMINER EN BEAUTÉ UN APÉRO-DÎNER.

1 Préchauffez le four à 150 °C (th. 5) et préparez
un bain-marie : un plat à gratin rempli d'eau à moitié
dans lequel vous pourrez mettre les 6 ramequins.

2 Versez le lait et le Bailey's dans une casserole.
Portez à ébullition et retirez du feu dès les premiers
frémissements. Dans un saladier, fouettez vivement
les jaunes d'œufs et le sucre puis versez peu à peu
le contenu de la casserole tout en remuant
avec un fouet.

3 Versez le mélange dans les ramequins et placez-les
dans le bain-marie. Faites cuire au four 20 min.
Laissez refroidir à température ambiante avant
de mettre au frais 30 min environ.

Les ingrédients pour 6 personnes

25 cl de lait entier

15 cl de liqueur de Bailey's

4 jaunes d'œufs

60 g de sucre en poudre

Pour varier_ Essayez cette recette avec de la liqueur amaretto pour des petites crèmes
au parfum d'amandes amères, ou avec de la liqueur Malibu pour des crèmes au parfum
de noix de coco.

la botte secrète d'aude et leslie

Pour accompagner ces délicieux petits pots de crème, pensez aux spéculoos,
aux boudoirs, aux cigarettes russes ou encore aux gavottes.

Charlotte au chocolat et whisky «single malt»

PRÉPARATION 25 MIN I **RÉFRIGÉRATION** 4 H I **COÛT** ★★★ I **DIFFICULTÉ** ★ I

MATÉRIEL SPÉCIFIQUE 1 MOULE À CHARLOTTE CANNELÉ (18 CM X 9 CM)

→ LES WHISKIES « SINGLE MALT » POSSÈDENT DES SAVEURS TRÈS VARIÉES, DES GOÛTS PLUTÔT ÉPAIS ET « TOURBÉS » JUSQU'AUX NOTES LES PLUS ÉTHÉRÉES. POUR LES AMATEURS, VOICI UNE RECETTE À FAIRE AVEC LA BOUTEILLE DE LEUR CHOIX.

1 Tapissez le moule cannelé avec les biscuits à la cuillère. Ils doivent être très serrés et ne plus pouvoir bouger du tout dans le moule.

2 Faites fondre le chocolat au bain-marie (en mettant le bol contenant le chocolat en morceaux sur une casserole d'eau frémissante) et ajoutez le beurre ; vous devez obtenir un mélange ayant la consistance d'une pommade.

3 Montez les blancs d'œufs en neige. Quand ceux-ci commencent à être fermes, ajoutez le sucre glace et battez encore un moment.

4 Ajoutez les jaunes d'œufs dans le chocolat fondu puis le whisky, et enfin incorporez les blancs avec une cuillère en bois. Versez cette préparation dans le moule puis placez au réfrigérateur au moins 4 h.

Les ingrédients pour 6 à 8 personnes

12 biscuits à la cuillère
310 g de chocolat noir
185 g de beurre
8 blancs d'œufs
5 jaunes d'œufs
50 g de sucre glace
5 cuil. à soupe de whisky

Astuces_ • Si vous avez du mal avec le moule cannelé, prenez un moule à bord lisse.

• Veillez à ne pas trop faire chauffer le mélange chocolat-beurre.

le verre de vin qui va bien

Un single malt, bien sûr ; à servir en grand verre pour pouvoir profiter de tous ses arômes.

Gratin pommes-poires et son coulis de fruits rouges

PRÉPARATION 25 MIN | **CUISSON** 20 MIN | **COÛT** ★★ | **DIFFICULTÉ** ★★

→ AVEC SON COULIS DE FRUITS ROUGES « MAISON », CE GRATIN SE DÉVORE EN UN CLIN D'ŒIL. SA PÂTE CROUSTILLANTE À BASE DE BEURRE SALÉ ET DE NOISETTE RÉVEILLERAIT LES PAPILLES LES PLUS ENDORMIES !

1 Préchauffez le four à 210 °C (th. 7). Beurrez un plat à gratin. Épluchez et coupez les pommes et les poires en petits morceaux. Répartissez-les dans le fond du plat.

2 Préparez la pâte. Coupez le beurre doux et le beurre salé en morceaux et faites-les ramollir au micro-ondes. Dans un saladier, mélangez la farine avec le sucre roux, la poudre de noisettes et les beurres ramollis.

3 Malaxez la préparation avec les mains puis émiettez-la pour obtenir une pâte sableuse. Ajoutez-la sur les fruits. Faites cuire au four 20 min environ.

4 Lavez et équeutez les fraises. Rincez les framboises et le cassis. Puis passez tous les fruits au mixeur avec le jus de citron et le sucre glace. Quand le gratin est cuit, servez-le tiède, nappé de coulis de fruits rouges.

Les ingrédients pour 6 personnes

2 pommes rouges

5 poires mûres

1 noisette de beurre pour le plat à gratin

Pour la pâte croustillante

40 g de beurre doux

40 g de beurre salé

60 g de farine

65 g de sucre roux

65 g de poudre de noisettes

Pour le coulis

150 g de fraises

150 g de framboises

100 g de cassis

2 cuil. à soupe de jus de citron

50 g de sucre glace

Astuces_ • Si votre gratin a tendance à dorer trop rapidement, baissez la température du four à 180 °C (th. 6) et couvrez-le d'une feuille de papier d'aluminium. • Quand les copains débarquent à l'improviste, servez ce gratin avec un coulis de fruits rouges tout prêt.

le truc de stéphan

Les fruits rouges du coulis contiennent naturellement une substance qui gélifie au contact du jus de citron. Si le coulis est trop épais, n'hésitez pas à y ajouter un peu d'eau.

Sushis de mangue
et coulis de fruits rouges

PRÉPARATION 15 MIN | **CUISSON** 35 MIN | **COÛT** ★ | **DIFFICULTÉ** ★

1 Dans une casserole, portez le lait à ébullition. Quand il bout, ajoutez le riz et faites-le cuire à feu doux et à couvert 20 min environ. Mélangez régulièrement. Puis ajoutez le sucre et le sucre vanillé, mélangez et laissez cuire 15 min à nouveau jusqu'à ce que le riz devienne bien tendre. Remuez régulièrement.

2 Pendant ce temps, épluchez la mangue et coupez-la en une vingtaine de lamelles comme pour un sushi. Cassez le chocolat en morceaux. Quand le riz est cuit, ajoutez le chocolat hors du feu. Mélangez jusqu'à ce que le chocolat soit bien fondu.

3 Laissez refroidir quelques instants, puis formez des sushis avec le riz au lait et déposez une lamelle de mangue sur chaque quenelle de riz. Laissez refroidir à température ambiante.

4 Servez les sushis de mangue accompagnés d'un ramequin de coulis de fruits rouges.

Les ingrédients pour 6 personnes
(20 à 25 sushis)

1 l de lait entier
250 g de riz rond
80 g de sucre en poudre
1 sachet de sucre vanillé
1 belle mangue
180 g de chocolat blanc
20 cl de coulis de fruits rouges tout prêt

la botte secrète d'aude et leslie

Quand vous avez le temps, lancez-vous dans un coulis « maison » : mixez 500 g de framboises avec 1 cuil. à soupe de jus de citron et 200 g de sucre glace. Passez le tout à travers une passoire fine pour retenir les pépins. Et hop c'est prêt !

le tuyau de laurence

Et pour un dépaysement total, remplacez la moitié du lait par la même quantité de lait de coco.

le truc de stéphan

Pensez à laisser cuire le riz à feu doux pour qu'il ait le temps d'absorber le lait. Cuit rapidement, il est moins savoureux.

Baklava poires-pistaches

PRÉPARATION 30 MIN I **CUISSON** 30 MIN I **REPOS** 12 H I **COÛT** ★★ I **DIFFICULTÉ** ★★

→ SACHEZ QUE CETTE DOUCEUR ORIENTALE SE BONIFIE AVEC LE TEMPS : N'HÉSITEZ PAS À PRÉPARER VOTRE *BAKLAVA* 48 H AVANT DE LE DÉVORER.

1 Préchauffez le four à 170 °C (th. 5-6). Beurrez un plat à gratin. Coupez chaque feuille de filo en deux afin d'obtenir 20 rectangles.

2 Faites fondre 15 g de beurre au micro-ondes. Dans un mortier ou un mixeur, concassez les pistaches. Mélangez le beurre fondu avec les amandes effilées, la poudre d'amandes, les pistaches concassées, le sucre roux, l'eau de fleur d'oranger, le miel et la cannelle.

3 Épluchez les poires et coupez-les en lamelles. Faites fondre 60 g de beurre. Badigeonnez-en les feuilles de filo et disposez cinq rectangles dans le fond du plat. Ajoutez les poires et la moitié de la préparation aux amandes. Ajoutez cinq nouveaux rectangles beurrés et étalez le reste de la préparation. Couvrez le tout des dix rectangles restants.

4 À l'aide d'un bon couteau, prédécoupez le *baklava* en petits carrés sans atteindre le fond du plat. Beurrez à nouveau le dessus du *baklava*. Mettez au four 30 min environ jusqu'à ce qu'il soit bien doré.

5 Pendant ce temps, préparez le sirop : dans une casserole, à feu doux, faites chauffer le miel avec l'eau et la cannelle. Laissez frémir 15 min environ. À la sortie du four, versez le sirop sur le *baklava* et laissez reposer 12 h à température ambiante.

Les ingrédients pour 4 à 6 personnes

1 noisette de beurre pour le plat à gratin
10 feuilles de filo
75 g de beurre
75 g de pistaches entières non salées
175 g d'amandes effilées
120 g de poudre d'amandes
60 g de sucre roux
3 cuil. à soupe d'eau de fleur d'oranger
1 cuil. à soupe de miel
1 cuil. à soupe de cannelle en poudre
3 poires

Pour le sirop
200 g de miel
10 cl d'eau
2 pincées de cannelle en poudre

Astuce_ Les feuilles de filo se trouvent au même rayon que les feuilles de brick.

la botte secrète d'aude et leslie

Ajoutez 1 amande entière sur chaque carré de baklava juste avant de verser le sirop.

le verre de vin qui va bien

Pour cette recette, cassez votre tirelire et découvrez le sublime quarts-de-chaume.

Marrons glacés

PRÉPARATION 1 H **I INFUSION** 1 NUIT **I MARINADE** 6 JOURS **I REPOS** 1 JOURNÉE **I**

CUISSON 40 MIN ENVIRON **I COÛT** ★★★ **I DIFFICULTÉ** ★★★ **I MATÉRIEL SPÉCIFIQUE** 1 GRILLE À PÂTISSERIE

1 Préparez le sirop : dans une casserole, mettez le sucre, 1,2 l d'eau et la gousse de vanille fendue en deux. Fouettez, portez à ébullition, puis laissez refroidir. Laissez infuser la vanille ainsi toute la nuit.

2 Le lendemain, placez les marrons épluchés dans une casserole d'eau froide et mettez à chauffer lentement jusqu'à obtenir une légère ébullition. Laissez mijoter ainsi pendant 20 min environ : les marrons doivent cuire sans se briser. Pour vérifier la juste cuisson, piquez-les avec une aiguille : elle doit pénétrer et ressortir facilement. Faites ce geste fréquemment pour éviter une cuisson trop longue. Égouttez les marrons et laissez-les refroidir.

3 Retirez les demi-gousses de vanille du sirop et ajoutez les marrons. Portez à très légère ébullition, puis stoppez la cuisson. Laissez refroidir et macérer 6 jours au réfrigérateur.

4 Passé ce temps, égouttez les marrons sur une grille à pâtisserie pendant 1 journée afin qu'ils sèchent bien.

5 Présentez les marrons glacés dans une coupe sans trop les entasser afin qu'ils ne se brisent pas. Vous pouvez les garder 6 mois dans le sirop en les plaçant au froid.

Pour une trentaine de marrons

1,5 kg de marrons épluchés

1,7 kg de sucre

1 gousse de vanille

Astuce_ Les marrons glacés se dégustent tels quels ou s'incorporent dans des desserts comme les charlottes, les glaces et les bavarois.

la botte secrète d'aude et leslie

Pour un dessert à l'improviste, déposez dans une coupe 1 boule de glace à la vanille, 1 boule de glace au caramel, quelques brisures de marrons glacés et 1 filet de caramel liquide. C'est juste fou !

le truc de stéphan

Notez bien que ces marrons n'ont pas l'aspect brillant et sucré de ceux du commerce mais leur saveur n'en est pas moins bonne.

Fudges

PRÉPARATION 15 MIN | **CUISSON** 8 MIN | **COÛT** ★ | **DIFFICULTÉ** ★ |

MATÉRIEL SPÉCIFIQUE 1 MOULE À GÂTEAU CARRÉ OU 1 MOULE EN SILICONE POUR BOUCHÉES INDIVIDUELLES

→ MA SŒUR EN FAISAIT DES BOÎTES ENTIÈRES APRÈS SON SÉJOUR EN IRLANDE.
VOILÀ LA RECETTE CAR CHEZ NOUS ILS SONT QUASI INTROUVABLES !

LAURENCE

1 Versez tous les ingrédients dans une casserole. Mettez sur feu moyen et portez à ébullition tout en remuant avec une cuillère en bois. Comptez 8 min de cuisson à partir de la première ébullition.

2 Sortez du feu et versez la préparation dans un moule beurré. Remuez énergiquement avec une cuillère en bois. Quand le mélange commence à épaissir, laissez refroidir à température ambiante.

3 Découpez en carrés et dégustez.

Les ingrédients pour 20 fudges

200 g de sucre en poudre

40 g de cacao en poudre

1 cuil. à café de vanille liquide

15 g de beurre

90 ml de lait

1 noisette de beurre pour le moule

Pour varier_ Ajoutez des éclats de noisettes, d'amandes ou de pistaches.

le tuyau de laurence

Utilisez des moules flexibles pour des bouchées individuelles. Effet garanti !

le truc de stéphan

Plus les fudges sont cuits plus ils sont durs, et inversement. Vous pouvez aussi les préparer en remplaçant le lait par de la crème fraîche.

Galette des rois

PRÉPARATION 15 MIN | **CUISSON** 40 MIN | **COÛT** ★ | **DIFFICULTÉ** ★

→ C'EST TELLEMENT FACILE ET RAPIDE À FAIRE QUE CE SERAIT DOMMAGE DE S'EN PRIVER. À FAIRE TOUTE L'ANNÉE... MAIS SANS LA FÈVE !!

1 Préchauffez votre four à 180 °C (th. 6). Mettez le beurre à ramollir au micro-ondes et versez-le dans un saladier. Ajoutez le sucre et fouettez pour obtenir un mélange mousseux. Ajoutez la poudre d'amandes, l'œuf, la farine et le rhum puis mélangez pour obtenir un mélange homogène.

2 Recouvrez la plaque de votre four d'une feuille de papier sulfurisé et beurrez-la. Séparez votre pâte en deux et étalez-la pour obtenir 2 cercles de même taille. Étalez un disque de pâte feuilletée sur le papier sulfurisé puis piquez la pâte avec une fourchette. Garnissez de crème d'amandes et étalez celle-ci jusqu'à 1 cm du bord. Déposez votre fève. Recouvrez avec le deuxième disque de pâte. Appuyez sur les bords pour bien sceller la galette sur tout le tour.

3 Fouettez votre jaune d'œuf avec une goutte d'eau puis badigeonnez le dessus de votre galette. Dessinez des motifs avec la pointe d'un couteau si vous le souhaitez. Enfournez et laissez cuire 40 min.

4 Environ 5 min avant la fin de la cuisson, saupoudrez le dessus de la galette de sucre glace et remettez au four. Dégustez encore chaud.

Les ingrédients pour 6 à 8 personnes

60 g de beurre

60 g de sucre en poudre

60 g de poudre d'amandes

1 œuf

1 cuil. à café de farine

1 cuil. à soupe de rhum

500 g de pâte feuilletée à étaler

1 jaune d'œuf

sucre glace

1 fève

1 noix de beurre pour la plaque

le tuyau
de laurence

Si vous êtes dingue de frangipane, vous pouvez doubler les quantités et vous obtiendrez une galette très onctueuse. Pour cette recette j'ai une petite préférence pour la pâte feuilletée à étaler plutôt que celle en rouleau.
Mieux encore, commandez-la chez votre boulanger.

Soupe de chocolat pralinée à la neige

PRÉPARATION 30 MIN | **CUISSON** 10 MIN | **COÛT** ★ | **DIFFICULTÉ** ★★

→ COMME OSCAR WILDE, SACHEZ VOUS CONTENTER DU MEILLEUR. NE RATEZ JAMAIS UNE OCCASION DE PRÉPARER CETTE DÉLICIEUSE SOUPE SUAVE ET GÉNÉREUSE AVEC SA PETITE NEIGE FRAÎCHE ET LÉGÈRE. TOUT LE MONDE VOUS DEMANDERA LA RECETTE, MAIS RESTEZ VAGUE, LA GRANDE CUISINE C'EST AUSSI UN PEU DE MYSTÈRE !

1 Dans une casserole, portez à ébullition le lait, à feu doux, avec la crème fleurette et le sucre en mélangeant bien. Dès que le mélange bout, ajoutez le chocolat en morceaux et remuez jusqu'à ce qu'il soit bien fondu. Ajoutez le pralin. Mélangez bien. Répartissez dans 6 grands bols ou 6 assiettes creuses.

2 Pour les îles flottantes, portez à légère ébullition une grande casserole d'eau. Dans un saladier, battez les blancs en neige bien ferme avec la pincée de sel. Saupoudrez de sucre et battez à nouveau pour leur redonner de la fermeté.

3 À l'aide de deux cuillères à soupe, formez une boule régulière de blanc en neige. Faites-la glisser délicatement dans l'eau frémissante et pochez-la 1 min environ en la retournant à mi-cuisson. Récupérez le blanc en neige à l'aide d'une écumoire et déposez-le sur du papier absorbant. Laissez refroidir. Répétez l'opération jusqu'à épuisement des blancs en neige. Puis ajoutez les œufs en neige sur la soupe au chocolat et saupoudrez le tout de cacao en poudre.

Les ingrédients pour 6 personnes

50 cl de lait demi-écrémé

15 cl de crème fleurette

50 g de sucre en poudre

300 g de chocolat noir à cuire

2 belles cuil. à soupe de pralin

Pour les îles flottantes

6 blancs d'œufs

50 g de sucre en poudre

2 cuil. à soupe de cacao en poudre

1 pincée de sel

Astuces_ • Choisissez des œufs extra-frais pour monter vos blancs en neige. • Pour les mordus de saveurs pralinées, augmentez les doses de pralin ou faites un mix chocolat noir-chocolat praliné.

la botte secrète d'aude et leslie
Avec 1 sachet de sucre vanillé et un peu de sucre en poudre dans les blancs en neige, ça apporte un petit goût inimitable...

Bons plans
entre potes

Vous avez invité vos copains à déjeuner ou pour un petit dîner ? Super, alors maintenant il va falloir vous mettre aux fourneaux ! Si vous êtes comme nous, vous adorerez ce moment où vous vous mettrez en cuisine pour préparer des petits plats pour vos potes. Nous quatre, on a adopté ce rituel et on vous assure que la façon la plus conviviale de se retrouver, c'est de se réunir autour d'un plat fait maison. Mais attention, pas question que cela vire à la corvée, cela doit rester un vrai plaisir. C'est pourquoi nous avons créé et testé pour vous des recettes originales, simples et rapides à faire pour ce type d'occasion, des plats salés mais aussi des desserts et autres gourmandises. Nous avons privilégié des recettes qui peuvent se préparer à l'avance, à déguster froides, à cuire ou à réchauffer pendant que vous prendrez l'apéro. Le moment venu, vous serez super dispo pour vos invités et vous pourrez profiter pleinement de ce moment entre potes. Alors lancez-vous ! Et pourquoi pas un plat ET un dessert ?

Bœuf mijoté aux olives

PRÉPARATION 15 MIN | **CUISSON** 2 H 30 | **COÛT** ★★ | **DIFFICULTÉ** ★★

→ TERMINÉE AVEC UN HACHIS D'OLIVES ET DE BASILIC, CETTE RECETTE MIJOTÉE
EST UN VRAI DÉLICE...

1 Coupez le bœuf en morceaux ou faites-le faire par
votre boucher. Salez et poivrez la viande. Dans une
grande poêle, faites chauffer de l'huile d'arachide à feu
vif et faites colorer tous les morceaux de bœuf.

2 Coupez les tomates en tranches. Dans une cocotte,
faites chauffer de l'huile d'arachide à feu moyen
et placez ensuite les morceaux de bœuf. Ajoutez la farine
et mélangez bien. Laissez cuire 5 min, puis ajoutez
les tomates et le bouillon. Couvrez, portez à ébullition
et laissez mijoter pendant 1 h 30.

3 Épépinez les poivrons et coupez-les, ainsi que les
oignons et l'aubergine. Faites-les tous colorer dans
une poêle pendant 5 min avec un peu d'huile. Ajoutez-
les à la viande et poursuivez la cuisson pendant 35 min.

4 Épluchez les gousses d'ail. Dans un mixeur,
réduisez en fine purée $\frac{1}{3}$ des olives, l'ail, les feuilles
de la botte de basilic et l'huile d'olive.

5 Lorsque la viande est bien tendre, retirez la graisse
de la sauce avec une cuillère. Ajoutez le hachis
d'olives et de basilic, et le reste des olives. Mélangez
bien, faites mijoter 2 min et servez aussitôt.

Les ingrédients pour 6 personnes

1,2 kg de paleron de bœuf

huile d'arachide

6 tomates

1 cuil. à soupe de farine

50 cl de bouillon de viande ou de fond
de veau maison

2 poivrons jaunes

2 oignons

1 aubergine

6 gousses d'ail

200 g d'olives vertes et noires

1 botte de basilic

6 cuil. à soupe d'huile d'olive

sel et poivre

le verre de vin qui va bien
Proposez un bordeaux rosé ou un côtes-du-luberon rouge.

Poêlée de cabillaud
à l'ail nouveau et au basilic

PRÉPARATION 20 MIN | **MACÉRATION** 15 MIN | **CUISSON** 10 MIN | **COÛT** ★★★ | **DIFFICULTÉ** ★★

→ CETTE RECETTE M'A ÉTÉ DONNÉE PAR LHORY, LE FIN CORDON-BLEU DE L'AUBERGE DU FITIDAY, À PORT-AU-PRINCE. SUR PLACE, ON UTILISE UN AUTRE POISSON, LE TIKOBA, MAIS LE CABILLAUD CONVIENT TRÈS BIEN.

STÉPHAN

1 Épluchez les gousses d'ail et coupez-les en fines tranches. Effeuillez la botte de basilic et hachez sommairement les feuilles. Dans un saladier, assemblez le poisson avec l'ail, le basilic, 4 cuil. à soupe d'huile d'olive, du sel et du poivre. Laissez reposer 15 min.

2 Épépinez le piment rouge et émincez-le finement.

3 Dans une poêle chauffée à feu modéré, faites cuire les pavés de poisson et leur marinade pendant 6 à 8 min environ en les retournant : le poisson doit dorer un peu mais l'ail et le basilic ne doivent pas brûler. Faites cuire le riz selon les indications que vous trouverez sur l'emballage. Égouttez-le, salez et poivrez. Agrémentez-le d'1 filet d'huile d'olive et répartissez dans des assiettes.

4 Pressez les citrons verts. Posez les pavés sur le riz, saupoudrez de piment émincé. Arrosez de jus de citrons verts et servez aussitôt.

Les ingrédients pour 4 personnes

20 gousses d'ail nouveau

1 belle botte de basilic

4 pavés de cabillaud sans peau ni arêtes

4 cuil. à soupe d'huile d'olive + 1 filet

1 piment rouge

200 g de riz

2 citrons verts

sel et poivre

la botte secrète d'aude et leslie

Pour une touche toute verte, ajoutez des petites têtes de brocolis et des pointes d'asperges dans le riz. *So delicious* !

le verre de vin qui va bien

Prenez un bourgueil.

Lasagnes tomates mozza

PRÉPARATION 20 MIN **I CUISSON** 30 MIN **I COÛT** ★ **I DIFFICULTÉ** ★

→ AVEC UNE BELLE SALADE DE ROQUETTE, C'EST LE TOP...

1 Dans une casserole d'eau bouillante, plongez les tomates 30 s environ. Lorsque leur peau commence à se décoller, ressortez-les une à une à l'aide d'une écumoire. Puis pelez-les, épépinez-les et coupez-les en petits morceaux.

2 Préchauffez le four à 180 °C (th. 6). Dégraissez le jambon. Égouttez la mozzarella et coupez-la en rondelles. Égouttez les tomates confites et coupez-les en petits morceaux.

3 Plongez les feuilles de lasagne dans une casserole d'eau bouillante salée. Ajoutez 1 cuil. à soupe d'huile d'olive et laissez-les cuire 5 min environ. Puis égouttez-les et étalez-les sur un torchon propre.

4 Pour monter vos lasagnes, beurrez un grand plat à gratin. Puis alternez, en fines couches successives, les feuilles de lasagne, la tapenade, les tomates et tomates confites, le sel et le poivre, la mozzarella et le jambon de Parme. Répétez l'opération en terminant par une couche de feuilles de lasagne.

5 Parsemez le tout de parmesan et mettez au four 25 min. Terminez la cuisson par 3 min sous le gril pour que vos lasagnes soient bien dorées.

Les ingrédients pour 6 personnes

1,5 kg de tomates en grappe

6 fines tranches de jambon de Parme

400 g de mozzarella en pain

10 tomates confites à l'huile d'olive

9 feuilles de lasagne précuites

1 cuil. à soupe d'huile d'olive

1 noisette de beurre pour le plat

1 petit pot de tapenade (100 g environ)

80 g de parmesan râpé

sel et poivre

Astuce_ Pour couper facilement vos tomates confites, utilisez des ciseaux.

la botte secrète d'aude et leslie
Pensez à arroser vos lasagnes d'1 filet d'huile pimentée juste avant de mettre au four. Carrément bon !

le verre de vin qui va bien
Proposez une bouteille de bardolino de qualité. Si vous connaissez déjà, vous apprécierez et si vous ne connaissez pas, tentez votre chance !

Salade de farfalles, bresaola, tomates et mozza

PRÉPARATION 10 MIN | **CUISSON** 9 MIN | **COÛT** ★ | **DIFFICULTÉ** ★

1 Dans une grande casserole d'eau bouillante salée, versez 1 cuil. à soupe d'huile d'olive et faites cuire les farfalles *al dente* comme indiqué sur le paquet (9 min environ).

2 Coupez la bresaola en lanières à l'aide de ciseaux. Lavez les tomates cerise. Égouttez les billes de mozzarella. Lavez la roquette et ciselez-la. Dans un bol, préparez la sauce : mélangez l'huile d'olive avec le vinaigre balsamique. Salez et poivrez.

3 Une fois les pâtes cuites, égouttez-les bien et passez-les sous l'eau froide. Puis égouttez-les à nouveau et déposez-les dans un saladier. Ajoutez la bresaola, les tomates cerise, la mozzarella et la roquette. Versez la sauce et mélangez bien. Servez *illico presto*.

Les ingrédients pour 4 à 6 personnes

1 cuil. à soupe d'huile d'olive
500 g de farfalles
14 tranches de bresaola
250 g de tomates cerise
200 g de billes de mozzarella
1 poignée de roquette

Pour la sauce

6 cuil. à soupe d'huile d'olive
2 cuil. à soupe de vinaigre balsamique
fleur de sel et poivre du moulin

la botte secrète d'aude et leslie
Le petit plus express ? Ajoutez 3 cuil. à soupe de basilic ciselé surgelé dans la salade. Trois secondes pour un résultat au top...

le tuyau de laurence

Vous pouvez également remplacer la bresaola par des lamelles de viande des Grisons... ou pourquoi pas par des lamelles de carpaccio de bœuf salées et poivrées.

le truc de stéphan

Vous pouvez aussi ajouter quelques tranches de pancetta passées une petite minute à la poêle avec un peu d'huile d'olive et de poivre.

Tartiflette fondante

PRÉPARATION 30 MIN I **CUISSON** 20 MIN I **COÛT** ★ I **DIFFICULTÉ** ★★

1 Lavez les pommes de terre puis déposez-les dans une casserole d'eau froide salée. Portez à ébullition et laissez cuire 15 à 20 min environ (selon leur grosseur).

2 Pendant ce temps, épluchez les oignons et coupez-les finement. Dans une poêle antiadhésive, faites-les revenir avec les lardons sans matière grasse 8 min environ. Poivrez généreusement.

3 Quand les pommes de terre sont cuites, égouttez-les bien. Épluchez-les et coupez-les en rondelles. Épluchez la gousse d'ail, coupez-la en deux et frottez-en l'intérieur d'un plat à gratin. Puis beurrez-le. Ôtez la croûte du reblochon puis coupez-le en lamelles.

4 Préchauffez le four à 210 °C (th. 7). Répartissez en couches successives la moitié des pommes de terre, la moitié du reblochon, le mélange oignons-lardons, l'autre moitié de pommes de terre. Nappez le tout de crème fraîche, salez légèrement et poivrez. Terminez la tartiflette par l'autre moitié de reblochon. Faites cuire au four 20 min environ jusqu'à ce que le fromage soit bien fondu. Servez *illico presto*.

Les ingrédients pour 4 à 6 personnes

1 kg de pommes de terre

4 oignons

250 g de lardons allumettes fumés

1 reblochon de Savoie

15 cl de crème fraîche

1 gousse d'ail

1 noisette de beurre pour le plat à gratin

sel et poivre

Astuces_ • Pour vérifier la cuisson des pommes de terre, plantez une fourchette au cœur de l'une d'elles. Elle doit s'enfoncer sans résistance. • Pour les gratins, choisissez des pommes de terre à chair ferme comme des belles de Fontenay.

la botte secrète d'aude et leslie
Testez cette recette en troquant le reblochon contre du vacherin. Trop bon !

le tuyau de laurence

Vous pouvez faire comme à la montagne : poêlez vos pommes de terre avant de les mettre dans le plat, c'est anti-*light* mais super bon !

le verre de vin qui va bien
Avec la tartiflette, proposez un vin délicieux de la région du mont Ventoux : le gigondas.

Couscous comme là-bas !

PRÉPARATION 40 MIN | **CUISSON** (HORS SEMOULE) 1 H | **COÛT** ★★ | **DIFFICULTÉ** ★★

→ JE VOUS LIVRE CETTE RECETTE DU FAMEUX COUSCOUS D'AFRIQUE DU NORD
QUE J'ADORE ALLER DÉGUSTER AVEC MES POTES DANS UN PETIT BISTROT BERBÈRE
PRÈS DE CHEZ MOI.

LAURENCE

1 Pelez et coupez l'oignon et l'ail. Pelez les carottes
et coupez-les en tronçons de 4 cm de long. Pelez
les navets et coupez-les en deux. Coupez le poivron
rouge en deux, ôtez les graines et les parties blanches
puis coupez-le en lamelles. Lavez les courgettes
et découpez-les en grosses rondelles.

2 Mettez une cocotte à chauffer avec l'huile puis faites
dorer l'ail et les oignons avec les morceaux de
collier de mouton. Retournez les morceaux de viande
pour qu'ils dorent sur toutes les faces.

3 Saupoudrez de *ras-el-hanout*, ajoutez le concentré
de tomate, les carottes, les navets, les pois chiches
et le poivron. Salez, poivrez et arrosez de bouillon.
Couvrez et laissez cuire 1 h à feu moyen. Ajoutez les
rondelles de courgettes 15 min avant la fin de la cuisson.

4 Préparez la semoule de couscous selon les
indications de l'emballage.

5 Disposez la semoule en couronne dans un plat
creux. Versez la viande et les légumes au centre.
Servez chaud, accompagné de harissa.

Les ingrédients pour 6 personnes

1 oignon

2 gousses d'ail

4 carottes

6 navets moyens

1 poivron rouge

4 courgettes

2 cuil. à soupe d'huile pour la cocotte

1,5 kg de collier de mouton

1 cuil. à soupe de *ras-el-hanout*

2 cuil. à soupe de concentré de tomate

1 petite boîte de pois chiche

1 l de bouillon de volaille

600 g de semoule de blé dur

harissa

sel et poivre

Astuces_ • Complétez ce couscous avec des merguez grillées et du poulet rôti.
Dépaysement garanti. • Vous pouvez aussi servir le couscous dans des plats séparés,
un pour la semoule, un pour la viande et un dernier pour les légumes dans leur sauce.

le truc de stéphan

Le couscous fait partie de ces recettes qui se bonifient au réchauffage. N'hésitez-pas
à faire le plat la veille.

Mon tajine des potes

PRÉPARATION 30 MIN I **CUISSON** 1 H 30 I **COÛT** ★★ I **DIFFICULTÉ** ★★

→ C'EST MON TAJINE FÉTICHE QUAND MES POTES VIENNENT DÎNER. C'EST UN PLAT VRAIMENT COMPLET, IL MIJOTE LONGUEMENT ET ME LAISSE PAR CONSÉQUENT TOUTE DISPONIBLE POUR MES INVITÉS. UN VRAI BONHEUR !

LAURENCE

1 Pelez et coupez finement l'ail et les oignons. Pelez les pommes de terre et coupez-les en deux dans le sens de la longueur. Lavez les courgettes et coupez-les en grosses rondelles. Coupez le citron en huit et ôtez les pépins avec la pointe d'un couteau.

2 Versez la viande dans une cocotte puis saupoudrez-la d'épices (cannelle, cumin, coriandre et gingembre). Mélangez pour bien enrober la viande. Ajoutez l'ail et les oignons, les olives, les quartiers de citron, le bouillon KUB émietté et le miel. Salez et poivrez, ajoutez 50 cl d'eau et déposez les pommes de terre puis les courgettes sur le dessus. Couvrez et laissez mijoter 1 h à feu doux.

3 Au bout d'une heure, ôtez le couvercle de la cocotte, ajoutez les cœurs d'artichaut encore surgelés et les tomates séchées. Versez un peu d'eau si nécessaire, couvrez et laissez mijoter à nouveau 30 min. Servez chaud.

Les ingrédients pour 6 personnes

2 gousses d'ail

2 oignons

6 pommes de terre nouvelles de taille moyenne

2 courgettes

1 petit citron non traité

1,2 kg d'agneau (épaule ou gigot) coupé en gros cubes

1 cuil. à café de cannelle

1 cuil. à café de graines de cumin

1 cuil. à café de coriandre en poudre

1 cuil. à café de gingembre en poudre

50 g d'olives noires dénoyautées

1 bouillon KUB

2 cuil. à soupe de miel liquide

6 cœurs d'artichaut surgelés

6 quartiers de tomates séchées

sel et poivre

le tuyau de laurence

Un grand récipient est nécessaire pour la préparation de ce tajine. Optez pour une grande cocotte ou un grand wok.

le verre de vin qui va bien

Accompagnez cette recette d'un vin gris. Légers et parfumés, ces vins réservent souvent de très belles surprises. Demandez à votre caviste.

Tarte fondante au reblochon

PRÉPARATION 10 MIN I **CUISSON** 30 MIN I **COÛT** ★★ I **DIFFICULTÉ** ★

1 Préchauffez le four à 210 °C (th. 7). Étalez la pâte dans un moule à tarte beurré. Piquez le fond à l'aide d'une fourchette et réservez au frais.

2 Retirez le gras du jambon et coupez le jambon en lamelles. Ôtez la croûte du reblochon et coupez-le en petits morceaux. Disposez sur le fond de tarte le reblochon et le jambon.

3 Dans un saladier, battez en omelette les œufs avec la crème et la noix de muscade. Salez et poivrez. Versez cette préparation sur le reblochon. Répartissez les cerneaux de noix sur le dessus. Faites cuire au four 30 min environ, jusqu'à ce que la tarte soit bien dorée.

Les ingrédients pour 6 personnes

1 pâte brisée

3 tranches de jambon blanc

1 reblochon

3 œufs

20 cl de crème fraîche

1 pincée de noix de muscade

75 g de cerneaux de noix

1 noisette de beurre pour le moule

sel et poivre

Astuce_ Vous pouvez remplacer le reblochon par du vacherin, du camembert ou du munster. C'est à se damner !

Pour varier_ **Tarte brie et noix**. Ôtez la croûte du brie et écrasez-le à la fourchette. Ajoutez-le ensuite dans la préparation aux œufs et battez le tout avant de verser le mélange sur le fond de tarte. Prévoyez dans ce cas 200 g de brie.

Tarte au maroilles. À la place du reblochon, prévoyez 200 g de maroilles et ajoutez 4 cuil. à soupe de noisettes concassées dans la préparation aux œufs.

le tuyau de laurence

Sachez que le cumin se marie à merveille avec des fromages forts comme le maroilles, le munster ou le reblochon. Saupoudrez donc l'équivalent d'1 cuil. à café de graines de cumin sur le fromage avant de mettre le reste des ingrédients.

Salade tiède de lentilles, pousses d'épinard, chèvre et pesto

PRÉPARATION 20 MIN I **CUISSON** 30 MIN I **COÛT** ★ I **DIFFICULTÉ** ★★

1 Épluchez l'oignon et piquez-le avec les 3 clous de girofle : faites 3 petites entailles dans l'oignon avec la pointe d'un couteau, et piquez-y les clous. Dans un faitout, versez les lentilles avec l'oignon et le bouquet garni. Couvrez-les d'eau froide (une fois et demie le volume des lentilles). Laissez cuire 30 min à couvert et à feu doux. Remuez régulièrement. Une fois les lentilles cuites, ôtez le bouquet garni et l'oignon. Égouttez les lentilles, salez-les et laissez-les tiédir.

2 Préchauffez le gril du four. Lavez et séchez les pousses d'épinard. Épluchez l'échalote et coupez-la finement. Ôtez la croûte des crottins et coupez-les en deux. Ôtez la croûte du pain de mie et coupez chaque tranche en diagonale pour obtenir 2 triangles.

3 Déposez chaque demi-crottin sur chaque demi-tranche de pain. Poivrez. Déposez-les sur la plaque du four recouverte de papier d'aluminium et faites cuire au four 4 à 5 min environ jusqu'à ce que le chèvre soit doré et fondant.

4 Pendant ce temps, pour la vinaigrette, mélangez le vinaigre avec le sel et le poivre dans un bol. Puis ajoutez la moutarde, l'huile d'olive, le persil et l'échalote. Mélangez bien. Versez la vinaigrette sur les lentilles tièdes avec les pousses d'épinard. Mélangez à nouveau.

5 À la sortie du four, déposez une noisette de pesto sur chaque tartine de chèvre. Dans 4 assiettes creuses, répartissez la salade de lentilles. Déposez sur le dessus deux tartines. Servez immédiatement.

Les ingrédients pour 4 personnes

Pour la salade

1 oignon

3 clous de girofle

350 g de lentilles du Puy

1 bouquet garni

4 crottins de Chavignol

4 tranches de pain de mie

4 poignées de pousses d'épinard

4 cuil. à café de sauce pesto

sel et poivre

Pour la sauce

1 échalote

2 cuil. à soupe de vinaigre de vin rouge

1 cuil. à café de moutarde forte

6 cuil. à soupe d'huile d'olive

3 cuil. de persil coupé finement

sel et poivre

Astuce_ Sachez que vous pouvez cuire la salade de lentilles à l'avance.

Pour varier_ Remplacez le pain de mie par du pain aux noix, aux olives ou aux céréales...

la botte secrète d'aude et leslie

Pour une version encore plus gourmande, ajoutez des lardons grillés. Vous pouvez aussi remplacer les tartines de chèvre par un œuf poché posé au centre de la salade.

Brochettes de porc olives-origan

PRÉPARATION 20 MIN I **CUISSON** 15 MIN I **COÛT** ★ I **DIFFICULTÉ** ★

→ ON UTILISE SURTOUT L'ORIGAN SEC SUR LES PIZZAS, MAIS IL DONNE AUSSI AU PORC UN RELIEF ET UNE TOUCHE DE RAFFINEMENT TRÈS AGRÉABLES.

1 Coupez le porc en morceaux ou en cubes de la taille d'une noix environ avec un couteau bien coupant, ou demandez au boucher de le faire pour vous.

2 Ouvrez les poivrons, retirez-en les pépins et coupez-les aussi en morceaux à peu près de même taille que la viande.

3 Épluchez et coupez les gousses d'ail en deux ; ôtez le germe s'il y en a un. Dans un mixeur (ou à l'aide d'un couteau), hachez très finement les olives, l'origan, les tomates confites, l'ail, l'huile d'olive et le piment pour obtenir une pâte parfumée. Dans un saladier, mélangez à la main cette pâte parfumée avec les morceaux de porc. Salez et poivrez.

4 Préparez ensuite les brochettes en piquant alternativement la viande et les poissons sur des piques métalliques. Faites cuire les brochettes à la poêle avec un peu d'huile ou sur un lit de braises bien rouges (au barbecue ou dans la cheminée). Comptez 15 min environ. Servez bien chaud.

Les ingrédients pour 4 personnes

600 g d'échine de porc (label rouge ou fermier de préférence)

3 poivrons rouges ou verts

5 gousses d'ail

100 g d'olives noires

1 cuil. à café rase d'origan sec

50 g de tomates confites ou séchées

3 cuil. à soupe d'huile d'olive

2 pincées de piment de Cayenne

sel et poivre noir

Pour varier_ Vous pouvez ne pas hacher les olives et les tomates mais les piquer aussi sur les brochettes avec la viande et les poivrons. **Plus épicée**. Si vous aimez les vraies saveurs fortes, remplacez le piment de Cayenne par 1/2 petit piment frais.

la botte secrète d'aude et leslie

Accompagnez cette aux notes méditerranéennes de tagliatelles fraîches assaisonnées de dés de tomates, de basilic finement coupé, de cubes de mozzarella et de quelques olives noires. Arrosez d'un filet d'huile d'olive !

le tuyau de laurence

Coupez vos poivrons en deux, ôtez les pépins et passez-les 5 min sous le gril du four avant de les couper et de les piquer sur les brochettes.

Filets de poulet grillés sauce barbecue

PRÉPARATION 10 MIN | **MARINADE** 15 MIN | **CUISSON** 20 MIN | **COÛT** ★ | **DIFFICULTÉ** ★

→ EN ROUTE POUR LES ÉTATS-UNIS, AVEC UNE RECETTE ULTRA-SIMPLE QUI PLAIRA AUX ENFANTS COMME AUX GRANDS. À DÉGUSTER DEVANT UN BON WESTERN !

1 Épluchez les oignons et hachez-les le plus finement possible (n'hésitez pas à utiliser le mixeur). Dans un saladier, mélangez tous les ingrédients de la marinade : oignons hachés, concentré de tomate, sauce barbecue, sauce soja, 10 cl d'eau, huile de sésame, sel et poivre. Placez les filets de poulet dans un plat peu profond et recouvrez-les de marinade. Laissez mariner pendant 15 min environ puis égouttez-les, en conservant la marinade.

2 Placez les filets sur le gril et comptez 15 à 20 min de cuisson environ en les retournant de temps à autre. Prenez la précaution de faire cette cuisson assez loin du foyer pour ne pas trop colorer la peau. Versez la marinade restante dans une petite casserole. Portez à ébullition un court instant et versez ensuite cette sauce barbecue faite maison dans 4 petites coupelles.

3 Servez les filets grillés très chauds avec la sauce barbecue et des pommes de terre frites par exemple.

Les ingrédients pour 4 personnes

4 filets de poulet

Pour la marinade

6 oignons nouveaux

1 cuil. à café de concentré de tomate

20 cl de sauce barbecue en pot

10 cl de sauce soja

1 cuil. à café d'huile de sésame

sel et poivre noir

la botte secrète d'aude et leslie

Pour un menu 100 % US, accompagnez ces grillades de *cole slaw* (salade de chou blanc et carottes râpées).

le verre de vin qui va bien

Proposez cette recette comme il se doit : avec une bière américaine très fraîche !

Risotto au gorgonzola et aux noisettes

PRÉPARATION + CUISSON 40 MIN I **COÛT** ★ I **DIFFICULTÉ** ★★

1 Préparez le bouillon : dans une casserole, portez à ébullition 1 l d'eau. Quand elle bout, ajoutez les cubes de bouillon. Mélangez bien pour les diluer. Épluchez la gousse d'ail, ôtez le germe et hachez-la.

2 Dans un faitout, faites chauffer le filet d'huile. Ajoutez l'ail et faites-le revenir 2 min environ. Puis ajoutez le riz et faites-le cuire 2 min à feu doux jusqu'à ce qu'il devienne translucide, en remuant. Versez le vin et continuez de mélanger.

3 Une fois le vin absorbé, ajoutez 1 louche de bouillon. Poursuivez la cuisson jusqu'à ce que le bouillon soit bien absorbé en mélangeant constamment. Répétez l'opération louche après louche jusqu'à ce qu'il n'y ait plus de bouillon, toujours en remuant (20 min environ).

4 Pendant ce temps, coupez le gorgonzola en petits morceaux. Concassez grossièrement les noisettes. À la fin de la cuisson, ajoutez le gorgonzola et le beurre. Poivrez. Mélangez et laissez reposer 2 min environ. Servez avec les noisettes concassées au centre.

Les ingrédients pour 4 personnes

2 cubes de bouillon de légumes

1 gousse d'ail

250 g de riz arborio

10 cl de vin blanc sec

200 g de gorgonzola

2 poignées de noisettes

30 g de beurre

1 filet d'huile d'olive pour le faitout

poivre

Astuce_ Tout aussi bon avec un bouillon d'herbes ou de volaille !

la botte secrète d'aude et leslie

Testez ce risotto avec un mix de noix et de noisettes. Ça va croustiller sec...

le tuyau de laurence

Pour épater mes potes, je sers ce risotto avec quelques fines tranches de poires.

le truc de stéphan

Pour des notes plus douces, faites moitié gorgonzola, moitié fontina.

Clafoutis aux pommes et beurre salé

PRÉPARATION 25 MIN | **CUISSON** 30 MIN | **COÛT** ★ | **DIFFICULTÉ** ★

→ UN BON VRAI « CLASSIQUE », QUEL BONHEUR ! FAITE AVEC DES ENFANTS,
CETTE RECETTE EST ENCORE BIEN MEILLEURE...

1 Préchauffez le four à 200 °C (th. 6-7). Coupez les pommes en petits quartiers. Dans une poêle à fond antiadhésif, faites sauter les pommes avec 30 g de beurre salé, 1 cuil. à soupe de sucre roux et la cannelle pendant 5 min environ.

2 Pendant ce temps, dans un saladier, assemblez les 2 œufs entiers, les 2 jaunes d'œufs, le reste du sucre roux (140 g) et le sucre vanillé. Battez ce mélange quelques instants avec un fouet. Ajoutez la farine et la pincée de sel, puis fouettez. Versez le lait peu à peu et toujours en fouettant pour éviter de faire des grumeaux.

3 Beurrez puis chemisez le moule à clafoutis avec le sucre roux. Répartissez les pommes sautées au fond du moule puis versez la pâte par-dessus. Avec les 50 g de beurre restant, faites une dizaine de petites noisettes à répartir à la surface du clafoutis. Faites cuire au four pendant 30 min. Servez ce clafoutis encore chaud.

Les ingrédients pour 6 personnes

3 pommes reinette

80 g de beurre salé

155 g de sucre roux

2 pincées de cannelle

4 œufs (2 entiers + 2 jaunes)

1 sachet de sucre vanillé

70 g de farine tamisée

1 pincée de sel

40 cl de lait entier

Pour le moule (24 cm x 5 cm)

20 g de beurre salé

1 cuil. à soupe de sucre roux

la botte secrète d'aude et leslie

Pour les plus gourmands, servez ce clafoutis avec un filet de sauce caramel...

le verre de vin qui va bien

Servez un verre de cidre doux bien glacé.

Charlotte aux framboises

PRÉPARATION 25 MIN I **RÉFRIGÉRATION** 4 H I **COÛT** ★★ I **DIFFICULTÉ** ★★ I

MATÉRIEL SPÉCIFIQUE 1 MOULE À CHARLOTTE (18 CM X 9 CM)

→ POUR TOUT VOUS DIRE, JE PRÉPARAIS CETTE CHARLOTTE À LA BELLE COULEUR
ROSÉE AU MAXIM'S DE PÉKIN, OÙ ELLE AVAIT UN FRANC SUCCÈS.

STÉPHAN

1 Faites tremper les feuilles de gélatine dans de l'eau froide pendant 10 min. Mixez les framboises dans un appareil électrique puis éliminez les pépins en les filtrant avec une passoire fine. Il faut obtenir 65 cl de jus, que vous verserez dans un saladier. Ajoutez alors les 100 g de sucre et le jus de citron.

2 Sortez les feuilles de gélatine de l'eau et pressez-les entre vos doigts pour éliminer l'eau. Dans une casserole, faites tiédir 20 cl de jus de framboise et ajoutez la gélatine. Faites-la bien fondre en mélangeant. Ajoutez le reste de jus de framboise, mélangez et laissez refroidir.

3 Battez la crème liquide avec le sucre glace de manière à obtenir une crème Chantilly. Incorporez cette crème au jus de framboise et ajoutez les framboises entières. Recouvrez le moule de biscuits à la cuillère et versez-y cette préparation. Placez au froid et laissez prendre pendant 4 h. Servez avec les framboises, la crème et les feuilles de menthe hachées.

Les ingrédients pour 6 à 8 personnes
8 feuilles de gélatine
800 g de framboises (fraîches
    ou surgelées)
100 g de sucre en poudre
le jus d'1 citron
40 cl de crème liquide
60 g de sucre glace
100 g de framboises entières
10 biscuits à la cuillère

Pour le décor et le service
10 belles framboises
10 cl de crème liquide
5 feuilles de menthe

Astuce_ Le jus de citron a vraiment son importance car il accentue la saveur
des framboises : ne l'oubliez pas.

Crêpes flambées au calvados

RÉALISATION DES CRÊPES AVEC LE TEMPS DE REPOS 50 MIN | **PRÉPARATION** 20 MIN |

COÛT ★★ | **DIFFICULTÉ** ★★

1 Préparez la pâte à crêpes. Versez la farine et le sel dans un saladier et creusez un puits. Dans un bol, fouettez les œufs, le lait et le beurre fondu, puis versez dans le puits de farine. Fouettez à nouveau pour obtenir une pâte fluide. Laissez reposer 30 min.

2 Faites cuire huit crêpes. Pliez-les en quatre, disposez-les dans un plat creux et maintenez-les au chaud. Pour cela, couvrez le plat de papier d'aluminium et déposez-le sur une casserole d'eau à ébullition.

3 Pelez les pommes et coupez-les en petits dés. Mettez le beurre dans une poêle et faites revenir les dés de pomme jusqu'à ce qu'ils prennent une couleur dorée.

4 Pressez l'orange et le citron. Versez le sucre en poudre dans une petite casserole et mettez sur le feu. Le sucre va fondre, puis caraméliser. Quand il est doré, ôtez la casserole du feu et versez le jus d'orange et le jus de citron. Remettez sur le feu tout en remuant pour que le caramel soit bien dissous. Ajoutez le calvados.

5 Répartissez les dés de pomme sur les crêpes, puis arrosez de sirop bien chaud. Flambez aussitôt en approchant une flamme du plat. Quand elle est éteinte, servez les crêpes, arrosez de sirop du plat et ajoutez 1 boule de sorbet à la pomme.

Les ingrédients pour 8 crêpes

2 pommes (type golden)

10 g de beurre

1 orange

1 citron vert

2 cuil. à soupe de sucre en poudre

10 cl de calvados

1 l de sorbet à la pomme

Pour la pâte

125 g de farine

2 œufs

25 cl de lait

20 g de beurre fondu

20 g de beurre pour la cuisson

1 pincée de sel

Pour varier_ **Version exotique**. Remplacez le calvados par du rhum, les pommes par des dés de mangue et le sorbet à la pomme par du sorbet à la noix de coco ou à la mangue. Bon voyage...

le tuyau
de laurence

Ne flambez jamais sous une hotte aspirante : vous seriez surpris et inquiets de la taille des flammes !

Tarte fondante aux figues

PRÉPARATION 15 MIN I **CUISSON** 30 MIN I **COÛT** ★★ I **DIFFICULTÉ** ★

→ UNE RECETTE CONCOCTÉE EN UN RIEN DE TEMPS. ACCOMPAGNÉE D'UNE BOULE DE GLACE À LA VANILLE OU MIEUX ENCORE À LA CANNELLE, CETTE TARTE APPORTERA UNE NOTE ORIGINALE À VOS PETITS DÎNERS ENTRE AMIS.

1 Préchauffez le four à 180 °C (th. 6). Étalez la pâte dans un moule à tarte beurré. Piquez le fond à l'aide d'une fourchette et faites cuire au four 10 min.

2 Pendant ce temps, pelez les figues délicatement. Dans un saladier, écrasez, à l'aide d'une fourchette, la chair des figues avec le sucre glace. Ajoutez la cannelle. Mélangez bien jusqu'à l'obtention d'une purée fine.

3 Étalez la purée de figues sur le fond de tarte précuit à l'aide du dos d'une cuillère. Faites cuire au four 30 min en augmentant la température du four à 240 °C (th. 8). Laissez bien refroidir avant de servir.

Les ingrédients pour 6 personnes

1 pâte sablée

1 kg de figues mûres

180 g de sucre glace

5 pincées de cannelle en poudre

1 noisette de beurre pour le moule

Astuces_ • Pour un petit plus déco, découpez quelques bandes dans une pâte sablée que vous ajouterez en croisillon sur la purée de figues avant de mettre au four.

• Vous pouvez cuisiner cette recette en laissant les figues entières.

le truc de stéphan

Pour donner une saveur encore plus prononcée à cette tarte, remplacez le sucre glace par du miel toutes fleurs et 1 cuil. à café de Maïzena.

Crumble à la rhubarbe

PRÉPARATION 25 MIN I **CUISSON** 30 MIN I **COÛT** ★ I **DIFFICULTÉ** ★★

→ CE DÉLICIEUX CRUMBLE SE MARIE À MERVEILLE AVEC UNE GROSSE NOISETTE DE CRÈME FRAÎCHE ÉPAISSE OU UNE TRADITIONNELLE BOULE DE GLACE À LA VANILLE.

1 Préchauffez le four à 210 °C (th. 7). Épluchez la rhubarbe puis coupez-la en petits tronçons. Dans une casserole à feu doux, mettez-la avec les 100 g de sucre roux et le sucre vanillé dans un fond d'eau (1 verre environ). Laissez cuire à couvert 20 min en remuant régulièrement.

2 Pendant ce temps, pour la pâte à crumble, coupez le beurre en morceaux et faites-le ramollir au micro-ondes. Dans un saladier, mélangez la farine avec la poudre de noisettes et le sucre roux. Puis ajoutez le beurre ramolli.

3 Malaxez la préparation avec les mains puis émiettez-la du bout des doigts pour lui donner une consistance sableuse (comme une grosse semoule).

4 Quand la compote de rhubarbe est cuite, versez-la dans le fond d'un moule. Ajoutez la pâte sableuse sur les fruits en une couche régulière. Faites cuire au four 20 min environ. Sortez le crumble du four et parsemez-le d'amandes effilées. Faites à nouveau cuire au four 10 min, jusqu'à ce que la pâte et les amandes soient bien dorées. Servez tiède.

Les ingrédients pour 6 personnes

Pour les fruits

1 kg de rhubarbe

100 g de sucre roux

1 sachet de sucre vanillé

Pour la pâte

150 g de beurre

150 g de farine

60 g de poudre de noisettes

150 g de sucre roux

3 cuil. à soupe d'amandes effilées
  (facultatif)

Astuce_ Sachez que vous pouvez utiliser de la rhubarbe surgelée pour cette recette. Un bon moyen d'échapper à la corvée de l'épluchage !

le tuyau de laurence

Si votre rhubarbe est un peu trop acide, remplacez-en la moitié par 500 g de fraises. Un mariage subtil !

le truc de stéphan

La rhubarbe est très riche en fibres et en pectine, deux substances proches et excellentes pour la santé et la digestion, consommez-la sans modération.

Fondue au chocolat

PRÉPARATION 20 MIN I **CUISSON** 10 MIN I **COÛT** ★★ I **DIFFICULTÉ** ★ I

MATÉRIEL SPÉCIFIQUE 1 CAQUELON À FONDUE

1 Lavez, épluchez et coupez les fruits en morceaux (ananas, mangue, bananes, pommes, poires et fraises). Arrosez-les de jus de citron pour éviter qu'ils ne noircissent.

2 Cassez le chocolat en morceaux. Dans le caquelon, faites fondre à feu doux le chocolat avec la crème liquide. Mélangez régulièrement jusqu'à l'obtention d'une sauce onctueuse.

3 Posez le caquelon sur le réchaud à alcool allumé. Attablez-vous et trempez vos fruits dans la fondue. Puis saupoudrez-les de noix de coco râpée avant de les déguster.

Les ingrédients pour 8 personnes

1 ananas

1 mangue

2 bananes

2 pommes

2 poires

250 g de fraises

le jus de 2 citrons

600 g de chocolat noir à cuire

45 cl de crème liquide

100 g de noix de coco râpée (facultatif)

Astuces_ • Pour une version à l'improviste, pensez à utiliser des fruits en conserve.
• Pour avoir une texture plus liquide, ajoutez simplement 1 cuil. à soupe de lait dans le chocolat fondu.

Pour varier_ Fondue au chocolat blanc. Il suffit de remplacer le chocolat noir par la même quantité de chocolat blanc.

la botte secrète d'aude et leslie

Pour changer des fruits, pensez à tremper des morceaux de brioche dans le chocolat fondu. Un véritable délice... Pour les enfants, proposez 1 paquet de chamallows en plus des fruits.

Tiramisu tout cacao

PRÉPARATION 15 MIN | **RÉGRIGÉRATION** 8 H | **COÛT** ★ | **DIFFICULTÉ** ★★

→ S'IL Y A BIEN UN DESSERT QUI DÉCROCHE LA PALME DE L'UNANIMITÉ,
C'EST LE TIRAMISU. EN PLUS, COMME VOUS POUVEZ LE PRÉPARER LA VEILLE,
VOUS PROFITEREZ PLEINEMENT DE VOS POTES...

1 Dans un saladier, battez à l'aide d'un fouet
les jaunes d'œufs avec le sucre jusqu'à ce que
le mélange blanchisse. Ajoutez le mascarpone
et la crème fraîche. Mélangez à nouveau.

2 Versez le café refroidi dans une assiette creuse
et trempez les biscuits à la cuillère pour
les imbiber légèrement.

3 Pour monter votre tiramisu, recouvrez le fond d'un
plat rectangulaire de taille moyenne d'une couche
de biscuits à la cuillère imbibés de café. Saupoudrez
de 2 cuil. à soupe de cacao en poudre. Recouvrez
le tout d'une couche de la préparation au mascarpone.
Répétez l'opération (biscuit et cacao) en terminant
par une couche de mascarpone que vous lisserez
avec le dos d'une cuillère.

4 Réservez au réfrigérateur 8 h environ. Saupoudrez
votre tiramisu avec le reste de cacao juste avant
de servir.

Les ingrédients pour 6 personnes

3 jaunes d'œufs
100 g de sucre en poudre
200 g de mascarpone
30 cl de crème fraîche épaisse
50 cl de café refroidi
36 biscuits à la cuillère
8 cuil. à soupe de cacao en poudre

Astuce_ Si vous n'avez pas de biscuits à la cuillère, remplacez-les par des petits-beurre.

la botte secrète d'aude et leslie
N'hésitez pas à ajouter 3 cuil. à soupe de Nutella (à température ambiante)
dans la préparation au mascarpone. C'est un délice !

le verre de vin qui va bien
Avec ce dessert exceptionnel, servez un quart-de-chaume. Ce vin d'Anjou,
rare et superbe, apportera tout le raffinement qui convient à ce grand moment
de gourmandise.

Pommes farcies aux figues et aux raisins blancs

PRÉPARATION 25 MIN **I CUISSON** 40 MIN **I COÛT** ★ **I DIFFICULTÉ** ★

→ UNE SUPER RECETTE À SERVIR TIÈDE, ACCOMPAGNÉE D'UNE BOULE DE GLACE À LA VANILLE OU, POUR UNE VERSION ENCORE PLUS ORIGINALE, D'UN SORBET À LA FIGUE... MMM !

1 Coupez les figues et les abricots secs en petits dés. Lavez le raisin, détachez les grains de la grappe et épluchez-les.

2 Préchauffez le four à 150 °C (th. 5). Lavez les pommes, découpez leur chapeau. À l'aide d'un couteau, évidez soigneusement le cœur et les pépins. Citronnez légèrement l'intérieur.

3 Dans un saladier, mélangez les figues, les abricots, les raisins, la poudre de noisettes, le sucre vanillé et le miel. Mélangez bien puis farcissez chaque pomme de cette préparation. Ajoutez une petite noisette de beurre et une belle pincée de cannelle sur le dessus de chaque pomme.

4 Déposez les pommes dans un plat à gratin beurré et faites cuire au four 40 min environ. Servez *illico presto*.

Les ingrédients pour 6 personnes

12 figues séchées

8 abricots secs

1 grappe de raisins blancs

6 pommes

le jus d'½ citron

60 g de poudre de noisettes

2 sachets de sucre vanillé

7 cuil. à soupe de miel liquide

6 petites noisettes de beurre

6 pincées de cannelle en poudre

1 noix de beurre pour le plat

Astuces_ • Pour les plus courageux, ôtez les pépins des grains de raisin. • Prenez du beurre salé !

le truc de stéphan

Pour cette recette, prenez des pommes boskoop ou des reinettes.

le tuyau de laurence

Je me souviens que ma grand-mère nous servait ses pommes au four sur des tranches de brioche toastées !

Salade de pêches, pastèque, melons et pineau

PRÉPARATION 30 MIN | **RÉFRIGÉRATION** 30 MIN | **COÛT** ★★★ | **DIFFICULTÉ** ★★ |

MATÉRIEL SPÉCIFIQUE 1 CUILLÈRE À POMME PARISIENNE (POUR FORMER LES BILLES DE FRUITS)

1 Coupez les melons et la pastèque en deux et retirez-en les pépins. Puis recoupez chaque moitié en deux de façon à obtenir 4 gros quartiers. Creusez ensuite les billes dans la chair à l'aide d'une cuillère à pomme parisienne. Mettez les billes de pastèque dans une passoire pour les égoutter et réservez les billes de melon au frais.

2 Épluchez les pêches, les nectarines et les bananes. Coupez-les en morceaux. Puis arrosez-les de jus de citron pour éviter que les fruits ne noircissent.

3 Dans un saladier, versez le sucre et le pineau. Mélangez bien et ajoutez la totalité des fruits. Mélangez à nouveau. Placez au réfrigérateur et laissez macérer jusqu'au moment de servir (20 à 30 min environ).

Les ingrédients pour 8 personnes

2 melons

1 pastèque

3 pêches blanches

3 nectarines

2 bananes

le jus d'1 citron

150 g de sucre en poudre

30 cl de pineau des Charentes

Astuce_ Si vous n'avez pas de cuillère à pomme parisienne, découpez les melons et la pastèque en cubes.

Pour varier_ Cette salade haute en couleurs s'adapte à beaucoup de fruits. Laissez libre cours à vos envies : raisin, fraise, mangue, abricot, framboise... Vous pouvez aussi la décorer d'une grappe de groseilles ou de pistaches décortiquées et non salées.

la botte secrète d'aude et leslie

Pour une version non alcoolisée, troquez la sauce au pineau contre le jus d'1 citron, le jus d'1 orange et 1 sachet de sucre vanillé. Sucrez ensuite la salade selon vos goûts.

Compote de fruits rouges et citronnelle

PRÉPARATION 15 MIN **I CUISSON** 20 MIN **I COÛT** ★ **I DIFFICULTÉ** ★

→ L'ASSOCIATION DES FRUITS ROUGES ET DE LA CITRONNELLE NE SEMBLE PAS ALLER DE SOI MAIS ELLE EST POURTANT TRÈS AGRÉABLE : ESSAYEZ !

1 Pelez les pommes, éliminez le cœur et les pépins, puis coupez-les en tranches assez fines. Lavez, égouttez et équeutez les fraises. Coupez-les en deux si elles sont trop grosses. Triez les framboises et les groseilles. Pelez la citronnelle et hachez le cœur obtenu.

2 Dans une grande casserole en acier inoxydable, mettez les pommes, les fraises, les framboises, les groseilles, la citronnelle et le sucre. Couvrez, portez à ébullition et laissez cuire pendant 20 min en remuant de temps en temps.

3 Réduisez les fruits en une fine purée dans un mixeur. Servez tiède ou froid.

Les ingrédients pour 4 à 6 personnes

2 pommes

250 g de fraises

250 g de framboises

100 g de groseilles

1 belle tige de citronnelle

120 g de sucre en poudre

le tuyau de laurence

Encore une petite recette express... Garnissez des coupes de compote de fruits rouges à la citronnelle et servez avec une boule de sorbet citron et une boule de sorbet noix de coco. Agrémentez de quelques framboises et de lamelles de fraises fraîches.

Cake moelleux au chocolat

PRÉPARATION 10 MIN | **CUISSON** 40 MIN | **COÛT** ★ | **DIFFICULTÉ** ★

→ CE CAKE EST SUCCULENT LORSQU'IL EST SERVI TIÈDE AVEC UNE BOULE DE GLACE À LA BANANE OU FROID À L'HEURE DU THÉ.

1 Préchauffez le four à 180 °C (th. 6). Faites fondre le chocolat au micro-ondes. À la sortie du four, lissez-le bien à l'aide d'une spatule. Puis ramollissez le beurre quelques secondes au micro-ondes.

2 Dans un saladier, battez à l'aide d'une fourchette le beurre mou, le sucre roux et le sucre vanillé. Ajoutez les œufs l'un après l'autre. Mélangez bien. Puis ajoutez le chocolat fondu, battez à nouveau.

3 Dans un autre saladier, mélangez la farine, la levure et le cacao. Versez ce mélange dans la pâte au chocolat. Mélangez bien jusqu'à l'obtention d'une pâte lisse.

4 Versez la pâte dans un moule à cake beurré. Faites cuire au four 40 min environ. Démoulez sur une grille et laissez refroidir avant de servir.

Les ingrédients pour 8 personnes

150 g de chocolat noir
150 g de beurre
150 g de sucre roux
½ sachet de sucre vanillé
2 œufs
170 g de farine
½ sachet de levure chimique
2 cuil. à soupe de cacao en poudre
1 noisette de beurre pour le moule

Astuce_ Si votre cake a tendance à dorer trop rapidement, ajoutez une feuille d'aluminium sur le dessus pendant la cuisson.

Pour varier_ **Cake choco-banane**. Dans un bol, écrasez à la fourchette 2 bananes, 2 cuil. à soupe de crème fraîche et ½ sachet de sucre vanillé. Ajoutez cette préparation dans la pâte initiale. Si vous le souhaitez, vous pouvez aussi ajouter quelques pépites de chocolat.

le verre de vin qui va bien

Si ce cake se déguste sans façon au goûter, vous pouvez aussi le servir au moment du dessert, avec une crème anglaise par exemple, et l'accompagner d'une bonne bouteille de vin de Monbazillac légèrement chambrée.

Bons plans love

Ne dit-on pas que la cuisine est une des armes fatales de la séduction ? Oui, mais à condition d'avoir des recettes simplissimes qu'on ne ratera pas le jour J et qui nous permettront de nous faire mousser auprès de l'être aimé. Parce qu'il est hors de question, ce jour-là, de se mettre la pression avec des tours de main irréalisables et de passer son temps en cuisine. Mieux vaut tabler sur des recettes inratables comme cette papillote de saumon ou ce risotto crémeux aux langoustines qui feront fondre les gourmets les plus exigeants. Et si vous finissez en beauté en apportant une touche aphrodisiaque avec des croquants au gingembre ou une purée d'amour, ce sera dans la poche ! Mais n'oubliez pas, pour que le glamour soit toujours de la partie, dînez aux chandelles et donnez-vous à fond dans la présentation de vos plats en suivant toutes les astuces qui vous sont données. Voici une petite sélection de recettes love testées et re-testées sur nos moitiés. Et parole de potes, ça marche à tous les coups...

Papillotes de saumon, courgette et aneth

PRÉPARATION 10 MIN | **CUISSON** 20 MIN | **COÛT** ★★ | **DIFFICULTÉ** ★

→ VOICI UNE PETITE RECETTE INRATABLE POUR ÉPATER SA MOITIÉ...
ET DIRE QUE CELA NE PREND QUE QUELQUES MINUTES DE PRÉPARATION
POUR UN MAX DE PLAISIR QUAND ON DÉCOUVRE CE QU'IL Y A DANS LA PAPILLOTE.

1 Préchauffez le four à 210 °C (th. 7). Épluchez l'oignon et coupez-le en fines rondelles. Lavez la courgette et coupez-la en fines rondelles. Découpez 2 carrés de papier d'aluminium. Huilez-les et déposez 1 pavé de saumon côté peau en dessous au centre de chaque carré. Salez et poivrez.

2 Dans un bol, mélangez la crème fraîche avec le curry. Ajoutez dans chaque papillote quelques rondelles d'oignon et de courgette, 1 brin d'aneth, un peu de baies roses et 1 cuil. à soupe de crème fraîche au curry. Refermez hermétiquement les papillotes en recourbant les bords. Mettez au four 20 min environ.

Les ingrédients pour 2 personnes

1 oignon

1 petite courgette

1 filet d'huile d'olive pour le papier
    d'aluminium

2 pavés de saumon

2 cuil. à soupe de crème fraîche

2 belles pincées de curry en poudre

2 brins d'aneth

1 cuil. à soupe de baies roses

sel et poivre

Astuce_ Pour varier les plaisirs, remplacez le curry par 1 pointe de piment d'Espelette ou de colombo en poudre.

le tuyau de laurence

Si vous êtes comme moi et que vous aimez le saumon tout juste cuit, râpez les courgettes, elles cuiront plus vite, et diminuez à 15 min le temps de cuisson. Pour cela, il faut vraiment que votre saumon soit ultra-frais.

le truc de stéphan

Allez, si vous avez 5 min de plus, faites mariner les pavés de saumon avec du jus de citron, de l'huile d'olive, du sel et du poivre.

Croque-principessa

PRÉPARATION 10 MIN | **CUISSON** 15 MIN | **COÛT** ★ | **DIFFICULTÉ** ★

→ UN CROQUE INVENTÉ PAR UN MONSIEUR POUR SA PRINCESSE... QU'AUDE DÉVORE À CHAQUE FOIS À PLEINES DENTS.

1 Préchauffez le four à 210 °C (th. 7). Égouttez la mozzarella et coupez-la en tranches. Dégraissez les deux jambons et coupez chaque tranche en deux. Lavez et coupez finement le basilic. Tartinez les tranches de pain de mie avec le beurre d'un seul côté.

2 Pour monter vos croques, disposez sur la plaque du four recouverte de papier sulfurisé deux tartines, face beurrée vers le haut. Ajoutez sur chaque base en couches successives une tranche de jambon de Parme et quelques rondelles de mozzarella. Salez légèrement et poivrez généreusement. Ajoutez l'équivalent de 4 feuilles de basilic coupé, puis la demi-tranche de jambon aux herbes. Refermez les croques avec une tranche de pain de mie.

3 Arrosez le tout d'1 léger filet d'huile d'olive. Faites cuire au four 13 à 15 min environ jusqu'à ce que vos croques soient bien dorés.

Les ingrédients pour 2 personnes

1 boule de mozzarella

2 tranches de jambon de Parme

1 belle tranche de jambon aux herbes

8 feuilles de basilic

4 tranches de pain de mie

1 noisette de beurre

1 filet d'huile d'olive

sel et poivre

Astuces_ • Pour tartiner facilement vos tranches de pain de mie, sortez le beurre du réfrigérateur 30 min avant de vous lancer dans la recette. Ou alors faites-le ramollir quelques secondes au micro-ondes. • Pour que vos croques-principessa soient croustillants des deux côtés, vous pouvez les retourner à mi-cuisson. • Si vous n'avez pas de papier sulfurisé, remplacez-le par du papier d'aluminium huilé ou beurré.

Pour varier_ Pour d'autres saveurs, n'hésitez pas à remplacer le basilic par du thym ou des herbes de Provence.

la botte secrète d'aude et leslie

Testez ce croque en remplaçant la mozzarella par des lamelles de gorgonzola. Rudement bon ! Dans ce cas-là, supprimez le sel.

Risotto onctueux aux langoustines

PRÉPARATION + CUISSON 1 H | **COÛT** ★★ | **DIFFICULTÉ** ★★★

1 Préparez le bouillon : décortiquez les langoustines en conservant les têtes et les carapaces. Épluchez l'oignon et coupez-le en quatre. Lavez la branche de céleri et coupez-la en deux. Dans une grande casserole, faites chauffer 2 cuil. à soupe d'huile. Ajoutez les têtes et les carapaces des langoustines. Laissez cuire 1 min à feu vif. Versez 75 cl d'eau. Ajoutez le céleri, l'oignon, le bouquet garni, les brins de persil et le gros sel. Laissez cuire 30 min à feu moyen en écumant régulièrement. À la fin de la cuisson, récupérez le bouillon en le filtrant à travers une passoire fine.

2 Dix minutes avant la fin de cuisson du bouillon, épluchez l'échalote et coupez-la finement. Dans un faitout, faites chauffer 2 cuil. à soupe d'huile. Ajoutez l'échalote et faites-la revenir 3 min environ.

3 Ajoutez le riz et faites-le cuire 2 min à feu doux jusqu'à ce qu'il devienne translucide, en remuant. Versez le vin et continuez de mélanger. Une fois le vin absorbé, ajoutez 1 louche de bouillon. Poursuivez la cuisson jusqu'à ce que le bouillon soit bien absorbé en mélangeant constamment. Répétez l'opération louche après louche jusqu'à ce qu'il n'y ait plus de bouillon, toujours en remuant (15 min).

4 Dans une sauteuse, faites poêler les langoustines dans 1 beau filet d'huile 30 s de chaque côté. Salez et poivrez. Répartissez le risotto dans des assiettes creuses et ajoutez 4 langoustines et un brin de persil plat lavé par assiette.

Les ingrédients pour 2 personnes

Pour le risotto

1 petite échalote

125 g de riz arborio

3 cuil. à soupe de vin blanc sec

3 cuil. à soupe de parmesan râpé

2 cuil. à soupe d'huile d'olive + 1 filet

2 brins de persil plat

sel et poivre

Pour le bouillon

8 langoustines

1 oignon

1 branche de céleri

1 bouquet garni

1 brin de persil

2 cuil. à soupe d'huile d'olive

gros sel

Astuces_ • Pour une présentation façon grand chef, lorsque vous décortiquez les langoustines, laissez le dernier anneau et le bout de la queue. Ça fera super joli !
• Pour aller plus vite, diluez un peu de fumet de poisson dans 1 l d'eau bouillante. Vous zapperez l'étape du bouillon « maison ».

le verre de vin qui va bien

Essayez un barolo...

Aubergines farcies comme au Maroc

PRÉPARATION 25 MIN I **CUISSON** 15 MIN I **COÛT** ★★ I **DIFFICULTÉ** ★★

1 Préchauffez le four à 200 °C (th. 6-7). Lavez les aubergines, coupez-les en deux dans le sens de la longueur et quadrillez la chair à l'aide de la pointe d'un couteau. Déposez-les sur la plaque du four, arrosez-les d'un filet d'huile d'olive et salez-les. Faites-les cuire au four 15 à 20 min environ.

2 Pendant ce temps, préparez la farce. Épluchez l'oignon et coupez-le finement. Dans une sauteuse, faites chauffer un filet d'huile. Puis ajoutez l'oignon et faites-le revenir 3 min environ. Ajoutez l'agneau haché, le cumin et les $\frac{2}{3}$ de la coriandre. Salez et poivrez. Mélangez bien et laissez cuire 10 min. Remuez de temps en temps.

3 Dans un bol, battez l'œuf. Quand les aubergines sont prêtes, creusez un peu leur chair à l'aide d'une cuillère, coupez-la en petits morceaux et mélangez-la avec la farce et l'œuf battu. Remettez le tout dans les aubergines et faites cuire au four 15 min environ.

4 5 min avant la fin de la cuisson, faites dorer à sec les pignons de pin dans une poêle. Servez les aubergines farcies parsemées du reste de coriandre et de pignons de pin.

Les ingrédients pour 2 personnes

2 aubergines

1 oignon

300 g d'agneau haché

6 pincées de cumin en poudre

2 cuil. à soupe de coriandre coupée

1 œuf

1 poignée de pignons de pin

huile d'olive

sel et poivre

Astuce_ Pour faire dorer à sec les pignons, faites-les chauffer quelques instants dans une poêle antiadhésive sans matière grasse.

la botte secrète d'aude et leslie

Nous, on adore ajouter quelques raisins secs dans la farce.

le tuyau de laurence

Pour une ambiance 100 % Maroc, ajoutez 1 cuil. à soupe de petits dés de citron confit au sel.

le truc de stéphan

Renforcez la note sucrée-salée en ajoutant à la farce un hachis de dattes, de figues et d'abricots secs.

Soupe de tomate au gingembre

PRÉPARATION 20 MIN I **CUISSON** 25 MIN I **COÛT** ★ I **DIFFICULTÉ** ★

→ ON DIT QUE LE GINGEMBRE EST APHRODISIAQUE, À VOUS DE VOIR... EN TOUT CAS, ICI, IL APPORTE UNE PETITE TOUCHE SUPER SYMPA QUI SE MARIE À MERVEILLE AVEC LA TOMATE ET QUI MÉTAMORPHOSERA VOTRE SOUPE. FAITES DÉCOUVRIR À VOTRE MOITIÉ DE NOUVELLES SAVEURS !

1 Plongez les tomates 30 s dans une casserole d'eau bouillante. Égouttez-les et plongez-les aussitôt dans l'eau froide. Ôtez la peau et coupez les tomates en quatre. Épluchez l'oignon rouge et coupez-le en fines rondelles. Épluchez et coupez finement la gousse d'ail et la racine de gingembre.

2 Versez l'huile d'olive dans une casserole et ajoutez les lamelles d'oignon. Laissez-les blondir 5 min puis ajoutez les quartiers de tomates, le cumin et le gingembre. Couvrez et laissez cuire 20 min à feu doux.

3 Hors du feu, mixez à l'aide d'un bras à soupe ou dans votre mixeur. Procédez en plusieurs fois pour ne pas le faire déborder quand vous activerez votre robot.

4 Reversez la soupe dans la casserole, salez et poivrez selon votre goût et servez bien chaud.

Les ingrédients pour 2 personnes

750 g de tomates en grappe

1 demi-oignon rouge

1 demi-gousse d'ail

2 cm de racine de gingembre

1 cuil. à café d'huile d'olive

½ cuil. à café rase de cumin en poudre

sel et poivre

Astuce_ Si vraiment vous n'avez pas le temps, utilisez des tomates pelées surgelées ou alors une bonne concassée de tomates.

le tuyau
de laurence

Ajoutez ½ cuil. à soupe rase de curry en début de cuisson, c'est génial. Ça « chauffe » un peu et c'est délicieux.

Mini-crumbles de saint-jacques aux poireaux

PRÉPARATION 30 MIN I **CUISSON** 25 MIN I **COÛT** ★★★ I **DIFFICULTÉ** ★★ I

MATÉRIEL SPÉCIFIQUE 2 RAMEQUINS PLATS (CASSOLETTES)

1 Lavez le cerfeuil et coupez-le finement. Épluchez le blanc de poireau et coupez-le en fines rondelles. Dans une casserole, faites chauffer 1 cuil. à soupe d'huile. Ajoutez le poireau et la moitié du cerfeuil. Laissez cuire 15 min environ à feu doux et à couvert en remuant régulièrement. Salez et poivrez.

2 Pendant ce temps, nettoyez les saint-jacques en retirant le corail et la veine noire qui entoure la chair. Passez-les à l'eau claire et séchez-les délicatement sur du papier absorbant. Coupez chaque noix en deux dans le sens de la longueur.

3 Dans une poêle, faites chauffer 1 cuil. à soupe d'huile d'olive et ajoutez les noix de saint-jacques. Saisissez-les 20 s de chaque côté.

4 Préchauffez le four à 180 °C (th. 6). Beurrez 2 ramequins. Répartissez le poireau cuit dans le fond des ramequins et ajoutez les saint-jacques. Mélangez la crème fraîche, la moutarde et l'autre moitié du cerfeuil. Versez cette crème sur les noix de saint-jacques. Faites cuire au four 15 min environ.

5 Pour la pâte, ramollissez le beurre au micro-ondes puis mélangez-le à la chapelure.

6 À la fin des 15 min de cuisson, émiettez un peu de pâte sur le dessus de chaque ramequin. Faites cuire à nouveau 10 min au four. Terminez la cuisson en passant vos mini-crumbles 2 min sous le gril du four.

Les ingrédients pour 2 personnes

Pour la garniture

1 branche de cerfeuil

1 blanc de poireau

2 cuil. à soupe d'huile d'olive

4 noix de saint-jacques

5 cl de crème fraîche

½ cuil. à café de moutarde forte

1 noisette de beurre pour les ramequins

sel et poivre

Pour la pâte

40 g de beurre

4 cuil. à soupe de chapelure

le tuyau de laurence

Saupoudrez un peu de curry sur votre préparation de poireaux, le mariage est succulent.

le verre de vin qui va bien

Pour accompagner ce crumble, servez un vin rouge qui se marie bien avec les coquilles Saint-Jacques : le chiroubles.

Calamars mijotés à la tomate et au basilic

PRÉPARATION 25 MIN | **CUISSON** 25 MIN | **COÛT** ★★★ | **DIFFICULTÉ** ★★

1 Rincez les calamars pour éliminer le sable si besoin, puis égouttez-les. Dans une grande poêle, faites chauffer à feu vif 2 cl d'huile d'olive. Salez et poivrez les calamars, et faites-les sauter dans la poêle pendant 5 min environ. Si celle-ci est trop petite, réalisez cette opération en deux temps. Réservez ensuite les calamars dans un saladier.

2 Coupez les tomates en tranches, hachez 1 gousse et demie d'ail et émincez les oignons. Faites chauffer 2 cl d'huile d'olive à feu vif dans une poêle et ajoutez l'oignon. Faites cuire pendant 1 min environ, puis ajoutez les tomates, le concentré de tomate, la gousse d'ail hachée, le fumet et les calamars. Couvrez et laissez mijoter pendant 15 min.

3 Au terme de la cuisson, placez les calamars dans un plat de service. Versez toute la sauce de la cuisson dans un mixeur. Ajoutez les feuilles de basilic, la ½ gousse d'ail restante, le safran et le filet d'huile d'olive. Mixez finement. Salez, poivrez et nappez les calamars de sauce. Servez chaud.

Les ingrédients pour 2 personnes

400 g de calamars frais nettoyés par le poissonnier

5 cl + 1 filet d'huile d'olive

200 g de tomates

2 gousses d'ail

1 oignon blanc

1 cuil. à café de concentré de tomate

5 cl de fumet de poisson

½ botte de basilic

1 pointe de safran en poudre

sel et poivre

Astuces_ • Inutile de cuire les calamars très longtemps : ils risquent de durcir. • Quand vous les achetez, leur fraîcheur doit être irréprochable. Le seul test : approchez-vous, ils doivent être pratiquement inodores. Sinon, renoncez à cette recette.

la botte secrète d'aude et leslie

Parsemez le tout d'olives noires coupées en petits morceaux. Mmm les saveurs du Sud !

le verre de vin qui va bien

Plutôt du vin blanc frais, pourquoi pas un bergerac bien sec.

Poêlée de langoustines minute

PRÉPARATION 20 MIN I **CUISSON** 5 MIN I **COÛT** ★★★ I **DIFFICULTÉ** ★

→ UNE AUTRE MANIÈRE DE DÉGUSTER LES LANGOUSTINES… À PRÉPARER EN ENTRÉE, EN MAI ET JUIN, QUAND ELLES SONT UN PEU MOINS CHÈRES.

1 Salez et poivrez les langoustines. Dans une cocotte, faites chauffer un fond d'huile d'olive à feu vif. Faites sauter les langoustines pendant 4 min environ. Remuez très souvent mais délicatement.

2 Retirez les germes des gousses d'ail. Mixez finement l'ail avec le persil et le beurre. Ajoutez cette préparation aux langoustines, mélangez et couvrez la cocotte. Laissez cuire ainsi pendant 5 min environ en remuant de temps en temps.

3 Pour vérifier la cuisson, décortiquez 1 queue de langoustine : elle doit être blanche, ferme et bien juteuse. Servez aussitôt les langoustines avec leur jus, que vous pouvez déguster avec un peu de pain frais ; mmm…

Les ingrédients pour 2 personnes

400 g de langoustines fraîches

huile d'olive

3 gousses d'ail

½ botte de persil plat

40 g de beurre

sel et poivre

la botte secrète d'aude et leslie

À servir avec une belle salade de haricots verts croquants et lamelles de champignons crus assaisonnée d'huile de noisette et de vinaigre balsamique.

le truc de stéphan

Pour réussir cette recette, un impératif : la fraîcheur absolue des langoustines. Si vous n'êtes pas sûr de leur qualité, renoncez à la faire et attendez le prochain arrivage.

le verre de vin qui va bien

Proposez un bourgogne blanc avec ces superbes langoustines.

Velouté de potiron au gingembre,
la spécialité de Stéphan

PRÉPARATION 25 MIN I **CUISSON** 30 MIN I **COÛT** ★ I **DIFFICULTÉ** ★

→ AH ! QUAND STÉPHAN NOUS CONCOCTE CETTE PETITE RECETTE, ON FOND TOUTES...

1 Récupérez la chair du potiron et coupez-la en gros morceaux. Épluchez l'oignon et coupez-le finement. Lavez le blanc de poireau et coupez-le finement.

2 Dans un faitout, faites chauffer l'huile. Ajoutez l'oignon et le poireau et laissez cuire 5 min en mélangeant bien. Ajoutez le potiron et laissez cuire 3 min. Versez le lait. Salez et poivrez. Laissez cuire 30 min à feu doux et à couvert. Épluchez le gingembre et râpez-le grossièrement.

3 À la fin de la cuisson, passez au mixeur le potiron avec le gingembre râpé, la crème fraîche et une bonne partie du lait. Rajoutez-en jusqu'à obtention de la consistance voulue. Servez bien chaud.

Les ingrédients pour 2 personnes

450 g de potiron

½ oignon

1 blanc de poireau

1 filet d'huile d'olive

35 cl de lait

1 cm de racine de gingembre

1 cuil. à soupe de crème fraîche

sel et poivre

Astuce_ Vous pouvez remplacer le gingembre frais par du gingembre en poudre.

la botte secrète d'aude et leslie

Customisez votre velouté de potiron en y ajoutant des petits morceaux de châtaignes en bocal que vous aurez poêlés dans 1 noisette de beurre salé.

Cailles aux raisins

PRÉPARATION 15 MIN | **CUISSON** 25 MIN | **COÛT** ★★ | **DIFFICULTÉ** ★★

→ CERTAINS GRANDS CLASSIQUES NE SE DÉMODENT PAS ET NE LASSENT JAMAIS. LA CAILLE ET LES RAISINS FONT PARTIE DE CES COUPLES RÉUSSIS ET LA RECETTE EST VRAIMENT FACILE À FAIRE.

1 Salez et poivrez les cailles. Faites chauffer l'huile dans une cocotte suffisamment grande et faites-y dorer les cailles à feu assez vif sur toutes leurs faces pendant 15 min environ.

2 Sortez les cailles de la cocotte, éliminez éventuellement la ficelle, enveloppez-les de deux tours de papier d'aluminium et laissez-les reposer entre deux assiettes.

3 Pelez et hachez finement la demi-pomme. Videz la graisse de la cocotte, ajoutez le miel et laissez caraméliser un instant. Versez alors le vinaigre puis ajoutez le bouillon et la pomme hachée. Remettez les cailles dans la cocotte et laissez cuire à petit feu pendant 8 min. Pelez les grains de raisin. Ajoutez les raisins et le beurre et faites cuire encore 2 min.

4 Servez les cailles entières avec leur jus et les raisins bien chauds. Vous pouvez par exemple accompagner cette recette d'une simple et bonne purée de pommes de terre au beurre.

Les ingrédients pour 2 personnes

2 cailles prêtes à cuire

2 cuil. à soupe d'huile d'arachide

½ pomme

2 cuil. à soupe de miel

1 cuil. à soupe de vinaigre de xérès

10 cl de bouillon de volaille

1 cuil. à soupe de raisins blancs

1 noisette de beurre

sel et poivre noir

la botte secrète d'aude et leslie
Accompagnée d'une poêlée de champignons sauvages, cette recette est tout simplement à se damner !

le verre de vin qui va bien
Pour une recette très légèrement aigre-douce comme celle-ci et pour ne pas masquer la délicate saveur des cailles, proposez un rouge peu connu et très intéressant, produit sur la côte chalonnaise : le givry.

Balluchons de pintade en habits verts, sauce vierge

PRÉPARATION 25 MIN I **CUISSON** 20 MIN I **COÛT** ★★ I **DIFFICULTÉ** ★★★

→ PRÉPAREZ CETTE RECETTE AU PRINTEMPS AVEC LE CHOU VERT, ET NON AVEC DU CHOU FRISÉ HIVERNAL QUI DEMANDE DES TEMPS DE CUISSON BIEN PLUS LONGS.

1 Salez et poivrez les filets. Versez un peu d'huile dans une poêle et cuisez les filets à feu modéré pendant 4 min côté peau et 2 min côté chair. Laissez refroidir sur une assiette.

2 Pendant ce temps, blanchissez les feuilles de chou en les plongeant dans une grande casserole d'eau bouillante. À l'aide d'un couteau, éliminez les grosses côtes. Lavez les champignons et coupez-les en tranches. Épluchez et hachez finement le demi-oignon. Dans une poêle, versez un peu d'huile et cuisez les champignons avec l'oignon pendant 5 min à feu doux.

3 Posez les feuilles de chou blanchies sur le plan de travail. Posez 1 cuil. du mélange champignons-oignons, puis le filet de pintade par-dessus et enveloppez-le complètement en refermant la feuille de chou. Maintenez la feuille bien fermée avec un tour de ficelle.

4 Dans une poêle avec un peu d'huile, cuisez les baluchons ainsi formés 5 à 6 min de chaque côté. Cuisez les asperges et réservez-les au chaud. Préparez la vinaigrette en fouettant l'huile d'olive et le jus de citron avec un peu de sel et de poivre.

5 Servez les filets en habits verts avec les asperges, nappez avec un peu de vinaigrette et servez aussitôt.

Les ingrédients pour 2 personnes

2 filets de pintade

2 feuilles de chou vert

2 gros champignons de Paris

½ oignon

300 g d'asperges épluchées

4 cuil. à soupe d'huile d'olive vierge

2 cuil. à soupe de jus de citron

huile d'arachide

sel et poivre noir

le verre de vin qui va bien

Avec cette délicate recette, proposez un verre d'entre-deux-mers rouge.

Travers de porc caramélisés au gingembre frais

PRÉPARATION 5 MIN I **CUISSON** 30 MIN I **COÛT** ★ I **DIFFICULTÉ** ★

→ VOICI UNE RECETTE ASSEZ EXOTIQUE QUI DONNE AUX TRAVERS DE PORC UN GOÛT INIMITABLE. PRÉPAREZ-LA TOUJOURS AVEC DU GINGEMBRE FRAIS, JAMAIS EN POUDRE.

1 Salez et poivrez les travers de porc sur toutes leurs faces. Dans une grande poêle, faites chauffer l'huile à feu assez vif et faites cuire les travers pendant 15 min environ, de sorte qu'ils colorent. Lorsqu'ils sont tous bien dorés, couvrez et comptez encore 10 min de cuisson.

2 Éliminez la graisse de cuisson puis versez dans la poêle 1 cuil. à soupe de gingembre et le ⅓ du blanc de poireau haché ; laissez cuire 3 min à feu modéré en remuant le tout. Versez le miel, faites bouillir puis caraméliser sans laisser brûler.

3 Sortez la poêle du feu et versez la sauce soja en ajoutant le reste de gingembre et de blanc de poireau. Mélangez bien.

4 Servez les travers dans des assiettes bien chaudes. Nappez-les avec le jus de cuisson et décorez avec la coriandre. Accompagnez par exemple ce plat savoureux d'un riz blanc parfumé cuit nature.

Les ingrédients pour 2 personnes
400 g de travers de porc coupés
2 cuil. à soupe d'huile d'arachide
2 cuil. à soupe de gingembre frais haché
1 demi-blanc de poireau haché
4 cuil. à soupe de miel liquide
3 cl de sauce soja
1 demi-botte de coriandre fraîche
sel et poivre noir

le verre de vin qui va bien

Le gingembre, même confit dans le miel comme c'est le cas ici, garde sa saveur légèrement brûlante. Servez donc plutôt ces travers avec un vin léger, rouge ou blanc. Un petit beaujolais conviendra très bien.

Duos de bonbons chocolatés

PRÉPARATION 15 MIN | **CUISSON** 10 MIN | **COÛT** ★ | **DIFFICULTÉ** ★ |

MATÉRIEL SPÉCIFIQUE MOULES À GÂTEAU INDIVIDUELS OU FICELLE ALIMENTAIRE

→ DES PETITES BOUCHÉES FORTES EN ÉMOTION. À PICORER LES YEUX DANS LES YEUX TOUT AU LONG DE LA SOIRÉE !

1 Préchauffez le four à 210 °C (th. 7). Faites fondre le beurre au micro-ondes. Détachez délicatement les feuilles de brick et coupez-les en quatre de façon à obtenir quatre quarts de lune. Puis badigeonnez-les de beurre fondu.

2 Pour réaliser les bonbons au chocolat blanc, déposez 1 carré de chocolat blanc au milieu de quatre quarts de lune. Ajoutez 1 amande entière et 1 pincée de noix de coco râpée. Puis roulez-les et refermez-les comme des bonbons.

3 Déposez chaque bonbon dans un moule à gâteau individuel, un petit ramequin ou attachez les deux extrémités avec de la ficelle alimentaire. Procédez de la même façon pour les bonbons au Chocoletti.

4 Déposez vos bonbons sur la plaque du four recouverte de papier sulfurisé. Puis mettez-les au four 10 min environ jusqu'à ce qu'ils soient bien croustillants. À la sortie du four, ôtez la ficelle alimentaire si nécessaire et comptez 4 bonbons par personne.

Les ingrédients pour 2 personnes
(8 bonbons)
1 noisette de beurre
2 feuilles de brick
4 carrés de chocolat blanc
4 amandes entières non salées
4 pincées de noix de coco râpée
4 carrés de Chocoletti

Astuce_ Si vous n'avez pas de papier sulfurisé, remplacez-le par du papier d'aluminium beurré ou huilé.

la botte secrète d'aude et leslie
Nous, on adore aussi faire cette recette avec un triangle de Toblerone...

Crumble poire-choco et pain d'épice

PRÉPARATION 7 MIN I **CUISSON** 8 MIN I **COÛT** ★ I **DIFFICULTÉ** ★ I

MATÉRIEL SPÉCIFIQUE 2 RAMEQUINS PLATS (TYPE CASSOLETTE)

→ VOICI UN DESSERT DE DERNIÈRE MINUTE À PARTAGER LES YEUX DANS LES YEUX...
UN DE NOS BEST-OF : LE PAIN D'ÉPICE DEVIENT CROUSTILLANT À SOUHAIT
ET LES PÉPITES DE CHOCOLAT SONT FONDANTES, C'EST JUSTE À SE DAMNER !

1 Préchauffez le four à 230 °C (th. 7-8). Faites fondre le beurre au micro-ondes. Passez les tranches de pain d'épice au toaster quelques instants. Quand elles sont grillées, émiettez-les dans un grand bol. Versez le beurre fondu et mélangez bien à l'aide d'une fourchette.

2 Égouttez les poires et coupez-les en petits morceaux que vous répartirez dans deux ramequins plats. Parsemez de pépites de chocolat. Puis répartissez la pâte au pain d'épice sur le dessus. Mettez au four 8 min environ. Servez chaud.

Les ingrédients pour 2 amoureux

50 g de beurre salé

4 tranches de pain d'épice

1 boîte de poires au sirop
(environ 225 g égouttées)

2 cuil. à soupe bombées de pépites
de chocolat

Astuce_ Vous pouvez remplacer le chocolat noir par du chocolat blanc ou au lait.

la botte secrète d'aude et leslie

Jouez la carte chaud-froid en posant sur chaque crumble 1 boule de glace
à la vanille ou à la poire. C'est à tomber !

le truc de stéphan

Et pourquoi ne pas ajouter 1 petite pincée de mélange quatre-épices juste avant
la cuisson ?

Tartes fines aux mangues

PRÉPARATION 12 MIN | **CUISSON** 16 MIN | **COÛT** ★ | **DIFFICULTÉ** ★

→ AVEC UN FILET DE CARAMEL LIQUIDE, C'EST JUSTE DINGUE !

1 Préchauffez le four à 230 °C (th. 7-8). Étalez
la pâte et découpez-y deux disques identiques.
Posez ces fonds de tarte sur la plaque du four
recouverte de papier sulfurisé. Piquez-les ensuite
à l'aide d'une fourchette. Recourbez très légèrement
les bords et saupoudrez chaque disque d'1 cuil.
à soupe bombée de sucre roux.

2 Épluchez la mangue et coupez-la en lamelles.
Répartissez-les en rosace serrée sur les fonds
de tarte. Saupoudrez de gingembre et de sucre
en poudre. Taillez les noisettes de beurre en petits
copeaux que vous répartirez sur les tartelettes. Mettez
au four 16 min environ en baissant la température
du four à 200 °C (th. 6-7) à mi-cuisson. Servez tiède.

Les ingrédients pour 2 personnes

1 pâte feuilletée
2 cuil. à soupe bombées de sucre roux
1 mangue mûre
3 pincées de gingembre en poudre
2 cuil. à soupe de sucre en poudre
2 belles noisettes de beurre

Astuce_ Pensez à utiliser un grand bol retourné pour découper les disques dans la pâte.

la botte secrète d'aude et leslie
Encore meilleur avec du gingembre frais râpé !

le truc de stéphan

Allez, frimez : faites flambez ces tartes fines devant votre amoureux avec un peu
de rhum blanc additionné des petites graines noires d'une gousse de vanille.

La coupe glacée qui tue !

PRÉPARATION 20 MIN I **COÛT** ★★ I **DIFFICULTÉ** ★ I

MATÉRIEL SPÉCIFIQUE 2 GRANDES COUPES

1 Pour le coulis, lavez et équeutez les 100 g de fraises. Rincez les framboises. Puis passez les fruits au mixeur avec le jus de citron et le sucre glace. Placez le coulis au réfrigérateur.

2 Lavez et équeutez les 100 g de fraises, puis coupez-les en deux ou en quatre selon leur grosseur. Brisez la meringue en morceaux. Concassez grossièrement les pistaches dans un mortier.

3 Pour réaliser les coupes : déposez en couches successives quelques éclats de meringue, 1 boule de sorbet à la framboise, 1 boule de glace à la vanille, quelques fraises, nappez généreusement de coulis et ajoutez la crème Chantilly. Puis parsemez le tout de pistaches concassées. Servez ces coupes accompagnées d'un pot avec le reste de coulis de fruits rouges.

Les ingrédients pour 2 personnes

Pour la coupe

100 g de fraises

1 petite meringue nature

1 petite poignée de pistaches non salées

2 boules de sorbet à la framboise

2 boules de glace à la vanille

1 petite bombe de chantilly

Pour le coulis

100 g de fraises

125 g de framboises

1 cuil. à soupe de jus de citron

30 g de sucre glace

Astuces_ • Si vous n'avez pas de mortier, placez vos pistaches dans un torchon et écrasez-les à l'aide d'un rouleau à pâtisserie ou d'un petit marteau. • Pour réaliser ce coulis en toute saison, utilisez des mélanges de fruits rouges surgelés. • Si vous aimez les coulis plus fluides, passez-les au tamis et ajoutez 2 cuil. à soupe d'eau. • Conservez vos coulis au réfrigérateur dans un bocal hermétique. Vous pouvez aussi les congeler (pas plus de 2 mois).

la botte secrète d'aude et leslie

Testez cette recette avec des macarons émiettés à la place de la meringue. Une variante qui se laisse croquer...

le truc de stéphan

Le jus de citron, en réagissant avec les pectines des fruits, tend à épaissir le coulis. N'hésitez pas à y ajouter un peu d'eau minérale bien froide.

Salade de fruits exotiques au caramel

PRÉPARATION 30 MIN I **COÛT ★★** I **DIFFICULTÉ ★★**

1 Épluchez et coupez les mini-bananes en deux.
Égouttez les litchis. Épluchez les kiwis et coupez-
les en rondelles. Rincez les framboises à l'eau claire
et séchez-les sur du papier absorbant. Réservez.

2 Coupez l'ananas en quatre dans le sens de la longueur
pour former 4 quartiers. Éliminez la partie dure
centrale (la pointe en triangle de chaque quartier)
puis ôtez l'écorce à l'aide d'un couteau. Coupez ensuite
la pulpe en morceaux.

3 Répartissez les fruits sur 2 assiettes à dessert
ou dans des verres transparents. Coupez les fruits
de la Passion en deux. Récupérez les graines et le jus
à l'aide d'une petite cuillère et répartissez-les
sur chaque assiette de fruits.

4 Pour le caramel, faites chauffer le sucre avec
les 10 cl d'eau (environ 1 demi-verre à moutarde)
dans une casserole à feu doux. Quand le mélange
commence à blondir, ajoutez la moitié du jus de citron.
Mélangez sans cesse. Puis ajoutez le beurre coupé en
petits morceaux. Mélangez à nouveau jusqu'à ce que
le beurre soit totalement fondu. Ajoutez le gingembre
et l'autre moitié du jus de citron. Mélangez jusqu'à
l'obtention d'un caramel bien lisse.

5 Versez le caramel sur les fruits et servez
immédiatement.

Les ingrédients pour 2 personnes

Pour la salade

2 mini-bananes

1 petite boîte de litchis au sirop

2 kiwis

1 poignée de framboises

1 demi-ananas

2 fruits de la Passion (facultatif)

Pour le caramel

80 g de sucre en poudre

10 cl d'eau

2 cuil. à soupe de jus de citron

40 g de beurre

2 pincées de gingembre en poudre

Astuce_ Pour laver votre casserole de caramel en un tour de main, remplissez-la d'eau
bouillante en grattant le fond à l'aide d'une cuillère en bois.

la botte secrète d'aude et leslie

Pour une note encore plus exotique, pensez à décorer chaque part d'un amour-en-
cage (physalis) et d'une ou deux rondelles de carambole (fruit en forme d'étoile).

Croquants au gingembre

PRÉPARATION 15 MIN I **CUISSON** 10 MIN I **REPOS** 1 H I **COÛT** ★★ I **DIFFICULTÉ** ★ I

MATÉRIEL SPÉCIFIQUE 1 PLAQUE À PÂTISSERIE OU PAPIER SULFURISÉ

1 Préchauffez votre four à 200 °C (th. 6-7). Beurrez votre plaque à pâtisserie ou recouvrez votre plaque de four de papier sulfurisé et beurrez-le.

2 Faites ramollir votre beurre sans le laisser fondre. Ajoutez la cassonade, l'œuf battu et mélangez. Ajoutez ensuite la farine, le sel, la levure et les épices puis mélangez bien. Coupez le gingembre confit en petits dés et ajoutez-les. Malaxez pour bien les répartir dans la pâte. Enveloppez dans du film transparent et placez au réfrigérateur au moins 1 h.

3 Sortez la pâte du froid, malaxez-la un peu et étalez-la sur 4 à 5 mm d'épaisseur. Découpez-la en triangles que vous disposerez sur la plaque. Enfournez et laissez cuire 10 min. Mettez à refroidir sur une grille à pâtisserie.

Les ingrédients pour 15 à 20 croquants

200 g de beurre

250 g de cassonade

1 œuf

350 g de farine

1 cuil. à café rase de levure chimique

1 belle pincée de cannelle

1 cuil. à café de gingembre en poudre

3 cuil. à soupe de gingembre confit

1 noix de beurre pour la plaque

1 pincée de sel

la botte secrète d'aude et leslie

Pour un dessert express et aphrodisiaque, servez 2 boules de glace au gingembre avec quelques-uns de ces délicieux croquants. Saupoudrez le tout de graines de sésame poêlées à sec et c'est prêt !

Café frappé à la vanille

PRÉPARATION 15 MIN | **COÛT** ★ | **DIFFICULTÉ** ★ |

MATÉRIEL SPÉCIFIQUE 2 FLÛTES

1 Versez la crème liquide dans un petit saladier. Placez le bol 5 min au congélateur avec les fouets de votre batteur. Sortez la crème et fouettez pour obtenir votre chantilly. Quand elle commence à prendre, ajoutez le sucre glace en pluie et fouettez pour obtenir une chantilly bien ferme. Remplissez une poche à douille avec la chantilly.

2 Mélangez le café et la liqueur de Bailey's.

3 Versez 1 cuil. à soupe de sauce au chocolat dans le fond de chaque flûte. Ajoutez une boule de glace à la vanille et versez le café. Terminez par une bonne dose de chantilly.

Les ingrédients pour 2 personnes

10 cl de crème liquide

1 cuil. à soupe de sucre glace

2 tasses de café glacé

1 cuil. à soupe de liqueur de Bailey's

2 cuil. à soupe de sauce au chocolat

2 boules de glace à la vanille

Pour varier_ Vous pouvez verser le café brûlant sur la glace, top aussi.

le truc de stéphan

Pas mal aussi en remplaçant le Bailey's par de l'armagnac...

Moelleux choco-praliné

PRÉPARATION 10 MIN I **CUISSON** 11 MIN I **COÛT** ★ I **DIFFICULTÉ** ★ I

MATÉRIEL SPÉCIFIQUE 4 RAMEQUINS

→ POUR FAIRE FONDRE VOTRE MOITIÉ, LANCEZ-VOUS DANS CE MOELLEUX SUPER ORIGINAL. VOTRE PROIE CRAQUERA À COUP SÛR POUR LA PETITE TOUCHE DE PRALINÉ. SUPER BON AVEC UNE BOULE DE GLACE À LA VANILLE !

1 Préchauffez le four à 200 °C (th. 6-7). Beurrez deux ramequins. Dans un saladier, mélangez à l'aide d'une fourchette, l'œuf entier avec le sucre jusqu'à ce que la préparation blanchisse. Ajoutez la farine et le pralin d'une traite. Mélangez à nouveau.

2 Dans une casserole, faites fondre à feu doux le beurre avec le chocolat en morceaux. Hors du feu, versez le contenu du saladier dans la casserole. Mélangez, puis répartissez la préparation dans les ramequins.

3 Faites cuire au four 10 à 11 min environ. Démoulez délicatement à la sortie du four. Posez 2 noix de pécan au centre de chaque moelleux.

Les ingrédients pour 2 personnes

1 noisette de beurre pour les ramequins

1 œuf

25 g de sucre en poudre

1 cuil. à soupe de farine

1 cuil. à soupe de pralin

50 g de beurre

50 g de chocolat noir

4 noix de pécan

Astuces_ • La cuisson idéale ? Les bords doivent être bien cuits mais le cœur encore coulant. • Pour que le démoulage se passe au mieux, vous pouvez fariner les ramequins après les avoir beurrés.

la botte secrète d'aude et leslie

Pour les mordus de saveurs pralinées, ajoutez un carré de chocolat praliné au centre du moelleux avant la cuisson.

le tuyau de laurence

Servez ces super-moelleux avec de la crème anglaise et quelques fruits rouges. Pour la crème anglaise, il en existe des toute faites vraiment délicieuses, alors pourquoi se priver ?

le verre de vin qui va bien

Essayez le floc-de-gascogne, connu généralement des seuls amateurs...

Poires Belle-Hélène

PRÉPARATION 20 MIN | **CUISSON** 8 MIN | **COÛT** ★ | **DIFFICULTÉ** ★

1 Épluchez les poires à l'aide d'un couteau économe en les laissant entières avec leur queue.
Versez le jus de citron sur les poires épluchées.

2 Fendez en deux la gousse de vanille dans le sens de la longueur et, avec la pointe d'un couteau, grattez l'intérieur que vous déposerez avec la gousse dans une casserole. Versez 50 cl d'eau et le sucre et faites chauffer à feu doux. Portez ce mélange à ébullition et laissez bouillir jusqu'à obtenir un sirop (5 min environ).

3 Faites pocher les poires. Pour cela, mettez les poires dans le sirop et faites-les cuire à feu très doux 8 min environ en remuant régulièrement. Elles sont prêtes quand elles sont translucides mais encore fermes. Hors du feu, laissez-les refroidir dans le sirop.

4 Pour la sauce au chocolat, faites fondre au micro-ondes le chocolat en morceaux avec le lait.
À la sortie du four, lissez-le bien à l'aide d'une spatule jusqu'à l'obtention d'une sauce onctueuse. Égouttez vos poires et servez-les nappées de chocolat chaud.

Les ingrédients pour 2 personnes

Pour les poires

2 poires mûres

le jus d'1 demi-citron

1 gousse de vanille

250 g de sucre en poudre

Pour la sauce

100 g de chocolat noir

1 cuil. à soupe de lait écrémé

Astuces_ • Pensez à servir vos poires Belle-Hélène dans de petits ramequins contenant le reste de la sauce au chocolat. • Pour une version express, choisissez des poires au sirop que vous napperez de chocolat chaud.

Pour varier_ **Poires Belle-Hélène menthe-chocolat**. Il suffit de préparer un sirop à la menthe : dans une grande casserole, portez à ébullition 2 cuil. à soupe de sirop de menthe verte diluées dans 25 cl d'eau, 2 cuil. à soupe d'alcool de menthe, le jus d'1 citron et 150 g de sucre en poudre.

la botte secrète d'aude et leslie

Pour une version plus gourmande, saupoudrez vos poires Belle-Hélène de pistaches ou de noix de pécan concassées.

le verre de vin qui va bien

Servez ces poires riches et juteuses avec un verre de sauternes ; divin !

Poêlée d'ananas, vodka et gingembre au cacao de Leslie

PRÉPARATION 20 MIN | **CUISSON** 5 MIN | **COÛT** ★★ | **DIFFICULTÉ** ★

→ UN ANANAS ET UN PEU DE VODKA : UNE RECETTE VRAIMENT ORIGINALE. DÉCIDÉMENT, LESLIE SAIT Y FAIRE !

1 Coupez les deux extrémités de l'ananas et jetez-les. Pelez ensuite le fruit. Après cette opération, il reste encore des petits cercles de peau assez durs et incrustés dans la chair du fruit, éliminez-les tous avec un petit couteau car ils sont très indigestes. Avec un gros couteau, coupez l'ananas en quatre dans le sens de la hauteur. Éliminez le centre du fruit qui est ligneux et dur, puis coupez les chairs en tranches d'1 cm d'épaisseur environ. Mélangez-les avec le sucre et le gingembre.

2 Faites fondre le beurre dans une poêle à fond antiadhésif. Lorsque celui-ci est moussant, ajoutez les tranches d'ananas et faites-les sauter et colorer pendant 3 min environ. Ajoutez ensuite la vodka. Laissez cuire encore quelques secondes, puis ôtez du feu.

3 À l'aide d'une cuillère, pour éviter de vous brûler, répartissez les tranches d'ananas et leur jus dans deux petites assiettes à dessert. Saupoudrez-les aussi équitablement que possible de cacao en poudre. Servez aussitôt pour ne pas laisser refroidir.

Les ingrédients pour 2 personnes

1 petit ananas bien mûr

1 cuil. à soupe de sucre roux en poudre

½ cuil. à café de gingembre frais râpé

1 noisette de beurre

3 cuil. à soupe de vodka

½ cuil. à soupe de cacao en poudre

Astuces_ • Pour saupoudrer le cacao en poudre sur les ananas de façon équitable, mettez-le dans une passoire à thé que vous agiterez au-dessus des fruits. • Vous pouvez aussi présenter cette poêlée dans des verrines. Effet garanti !

le tuyau de laurence

Vous pouvez émietter quelques spéculoos sur le dessus des ananas juste au moment de servir. C'est un vrai régal...

le verre de vin qui va bien

Un petit coteaux-du-layon.

Purée d'amour

PRÉPARATION 5 MIN **I CUISSON** 15 MIN **I COÛT** ★ **I DIFFICULTÉ** ★

→ UNE PETITE PURÉE ROUGE PASSION À DÉGUSTER LES YEUX DANS LES YEUX...

1 Ôtez la peau beige du gingembre et râpez-le sur les gros trous d'une râpe. Dans une poêle, faites chauffer le miel à feu doux. Ajoutez les fruits encore surgelés et le jus de citron. Laissez cuire le tout 15 min en mélangeant régulièrement. Ajoutez le sucre vanillé et le gingembre. Mélangez bien.

2 Déposez les fruits dans un saladier et écrasez-les à l'aide d'une fourchette. Répartissez la purée dans 2 bols et piquez 3 petits cœurs de Belin dans chacun d'entre eux. Servez tiède.

Les ingrédients pour 2 amoureux

1 cm de racine de gingembre

3 cuil. à soupe de miel liquide

300 g de fruits rouges et noirs mélangés surgelés

1 cuil. à soupe de jus de citron

½ sachet de sucre vanillé

6 petits cœurs de Belin

Astuce_ Cette recette est prévue pour 2 personnes, mais libre à vous de doubler ou de tripler les quantités en fonction du nombre d'invités.

Pour varier_ • Pour une touche chaud-froid, servez cette purée tiède avec 1 boule de glace à la vanille. • Sinon, accompagnez-la de macarons à la framboise ou à la pistache, de gavottes ou de financiers.

la botte secrète d'aude et leslie

Pour un petit plus déco, servez cette purée d'amour dans des verres à pied transparents.

Bons plans
repas de famille

Avec les potes, on ne s'ennuie jamais et les repas de famille du dimanche ont du peps et de la classe : ce n'est pas parce que les plats sont faciles à faire qu'ils doivent être quelconques, bien au contraire. Avant de se lancer dans une recette, tout est, avant tout, une question d'organisation : réfléchissez au menu (pas trop quand même, il faut savoir rester spontané) et faites vos courses tranquillement la veille ou le matin au marché, par exemple. Que de petits plaisirs qui permettent ensuite de se consacrer pleinement à la cuisine proprement dite !

On reproche souvent aux repas de famille d'être un peu lourds, composés d'entrées, plats et desserts. Ils permettent aussi de renouer avec une manière de cuisiner dite « bourgeoise » avec de la crème, du beurre, beaucoup de viandes, etc., bref des produits qui ne vous laissent ensuite que la possibilité de faire la sieste dans un hamac ou près du feu, selon la saison, pendant le reste de la journée !

Mais avec les recettes des potes, vous allez voir que vous pourrez vraiment apporter de l'originalité dans votre assiette sans passer votre vie dans votre cuisine ni vous retrouver hors service pour le reste du week-end.

Ah ! si les potes n'étaient pas là, il faudrait les inventer !

Bœuf bourguignon

MARINADE 1 NUIT | PRÉPARATION 30 MIN | CUISSON 2 H 30 | COÛT ★★ | DIFFICULTÉ ★★★

→ UN GRAND CLASSIQUE DE LA CUISINE FRANÇAISE. LENTEMENT MIJOTÉ DANS LA SAUCE AU VIN, LE BŒUF DEVIENT UN PUR DÉLICE.

1 Dans un saladier, assemblez les morceaux de viande, le vin rouge, les oignons et les carottes épluchés et coupés en dés, la gousse d'ail et le bouquet garni. Recouvrez le saladier d'un film alimentaire, placez au réfrigérateur et laissez mariner pendant une nuit.

2 Le lendemain, égouttez la viande et les légumes, et séparez-les ; mettez le bouquet garni à part des légumes. Versez la marinade dans une casserole, faites-la bouillir 1 min, retirez l'écume qui se forme à la surface et réservez hors du feu.

3 Faites chauffer une grande poêle à feu très vif avec de l'huile et faites sauter les légumes égouttés (sauf le bouquet) pendant 5 min ; mettez de côté. Faites ensuite dorer les morceaux de bœuf en 2 ou 3 fois pendant 7 à 8 min environ.

4 Dans une cocotte, assemblez la viande, les légumes, la marinade bouillie, le bouillon et le bouquet garni. Salez, poivrez et portez à ébullition. Couvrez et laissez cuire à petit feu pendant 2 h environ.

5 Quand la viande est cuite, placez-la dans un saladier. Faites cuire la farine et le beurre dans une casserole pendant 2 min à feu doux et ajoutez le mélange dans le jus de cuisson en fouettant fortement. Goûtez : salez et poivrez si nécessaire ; replacez la viande cuite dans la sauce et laissez cuire encore pendant 30 min environ. Supprimez le bouquet garni et servez très chaud.

Les ingrédients pour 4 à 6 personnes

1,5 kg de gîte de bœuf désossé et découpé en morceaux

1,5 l de vin rouge

3 oignons

3 carottes

1 gousse d'ail

1 bouquet garni

1 l de bouillon de viande

65 g de farine

90 g de beurre

huile de tournesol

sel et poivre noir

le verre de vin qui va bien

Produits sur la commune du haut Médoc, les moulis sont exceptionnels. Corsés, robustes mais aussi raffinés et élégants, ils seront parfaits avec votre bœuf bourguignon.

Blanquette de veau

PRÉPARATION 25 MIN | **CUISSON** 1 H 30 | **COÛT** ★★★ | **DIFFICULTÉ** ★★

→ SANS DOUTE LA RECETTE LA PLUS APPRÉCIÉE EN FAMILLE. IL Y A DE QUOI :
ELLE EST RELATIVEMENT FACILE À FAIRE, SUCCULENTE ET PEUT, EN GRANDE PARTIE,
ÊTRE PRÉPARÉE À L'AVANCE.

1 Placez la viande dans une cocotte et couvrez les morceaux d'eau froide jusqu'à en avoir 4 cm environ au-dessus du niveau de la viande. Portez à ébullition, retirez l'écume qui se forme, puis cuisez lentement pendant 15 min. Ajoutez alors dans la cocotte la garniture pour pot-au-feu, les clous de girofle, les grains de poivre, le gros sel et le bouquet garni. Cuisez ainsi à petit feu pendant 1 h 30.

2 Pendant ce temps, épluchez les champignons et les petits oignons. Placez-les dans une casserole avec un fond d'eau, le sucre, le jus du citron, le beurre et 2 pincées de sel. Cuisez à petit feu pendant 10 min.

3 Lorsque la viande est cuite, égouttez-la. Mettez les légumes de côté, éliminez du bouillon le bouquet et les aromates. Dans une grande casserole, faites cuire 5 min à feu doux la farine et le beurre. Ajoutez-y 1,5 l environ de bouillon de cuisson du veau très chaud, en fouettant vivement. Faites cuire à feu très doux pendant 5 min. Dans un bol à part, battez la crème fraîche avec le jaune d'œuf, et ajoutez ce mélange dans la sauce brûlante ; ne faites plus bouillir.

4 Rectifiez l'assaisonnement, ajoutez dans la sauce la viande cuite, les oignons et les champignons et faites frémir sans bouillir. Servez très chaud, avec quelques brins de cerfeuil pour décorer.

Les ingrédients pour 6 personnes

2 kg de viande de veau en morceaux
(épaule, collier)
1 garniture pour pot-au-feu toute prête
2 clous de girofle
10 grains de poivre
1 cuil. à soupe de gros sel
1 bouquet garni

Pour la garniture
150 g de petits champignons de Paris
150 g de petits oignons
30 g sucre
1 citron
1 noix de beurre
sel

Pour la sauce
70 g de farine
100 g de beurre
20 cl de crème fraîche
1 jaune d'œuf
quelques brins de cerfeuil pour la déco
sel et poivre noir

Astuce_ En saison, n'oubliez pas que vous pouvez l'enrichir de quelques champignons (girolles, cèpes, etc.) sautés à la poêle.

le verre de vin qui va bien

Avec la blanquette de veau, essayez d'éviter les rouges et servez soit un graves blanc, soit un sancerre, mais pas trop frais.

Poulet rôti « truffé » aux herbes

PRÉPARATION 10 MIN | **CUISSON** 45 MIN | **REPOS** 15 MIN | **COÛT** ★★ | **DIFFICULTÉ** ★★

→ VOICI COMMENT TRANSFORMER UN SIMPLE POULET RÔTI EN UNE RECETTE ORIGINALE ET DÉLICIEUSE. VOUS POUVEZ LA FAIRE AVEC LES HERBES QUE VOUS PRÉFÉREZ OU CELLES QUE VOUS TROUVEZ SUR LE MARCHÉ.

1 Hachez grossièrement toutes les herbes puis mélangez-les dans un saladier avec le zeste, le gingembre et l'huile d'olive.

2 Préchauffez le four à 200 °C (th. 6-7). Placez le poulet sur le plan de travail. Avec un couteau, incisez-le un peu partout et assez profondément sur les cuisses et les filets.

3 Avec les doigts, faites entrer aussi profondément que possible la préparation aux herbes dans les incisions faites sur le poulet. Huilez ensuite le poulet ainsi préparé et assaisonnez-le de sel et de poivre.

4 Faites-le cuire au four pendant 45 min. Enveloppez-le ensuite de 2 tours de papier d'aluminium. Laissez-le refroidir ainsi pendant 15 min puis découpez-le et servez-le avec son jus. Accompagnez cette recette d'une ratatouille par exemple.

Les ingrédients pour 4 à 6 personnes

1 botte de ciboulette
1 botte d'estragon
1 botte de basilic
1 cuil. à café de zeste de citron
½ cuil. à soupe de gingembre haché
3 cuil. à soupe d'huile d'olive
1 beau poulet
huile de tournesol
sel et poivre noir

le tuyau de laurence

Vous pouvez aussi placer la préparation aux herbes sous la peau. Dans ce cas, passez vos doigts puis la main entre la peau et la chair pour décoller la peau. Garnissez ensuite sous la peau avec la préparation aux herbes.

le verre de vin qui va bien

Avec ce poulet très original, servez un rouge bien en chair et ensoleillé produit dans la région de Béziers : le saint-chinian. Savez-vous que les Romains, en leur temps, louaient déjà les vins produits dans cette région, il y a plus de 1 500 ans ?!

Quiche lorraine comme on l'aime

PRÉPARATION 15 MIN I **CUISSON** 30 MIN I **COÛT** ★ I **DIFFICULTÉ** ★

1 Préchauffez le four à 210 °C (th. 7). Étalez la pâte dans un moule à tarte beurré. Piquez le fond à l'aide d'une fourchette et faites cuire au four 10 min.

2 Dans une poêle anti-adhésive, faites revenir les lardons 7 min environ, jusqu'à ce qu'ils commencent à bien dorer. Remuez-les régulièrement. Pendant ce temps, coupez le comté en lamelles et déposez ces lamelles sur le fond de tarte précuit. Ajoutez les lardons par-dessus.

3 Dans un saladier, battez les œufs en omelette avec la crème fraîche. Salez et poivrez, ajoutez les pincées de noix de muscade. Mélangez bien. Versez la préparation sur les lardons et faites cuire au four 30 min à 180 °C (th. 6).

Les ingrédients pour 6 personnes

1 pâte brisée

200 g de lardons

80 g de comté

6 œufs

40 cl de crème fraîche épaisse

2 pincées de noix de muscade

1 noisette de beurre pour le moule

sel et poivre

la botte secrète d'aude et leslie

Pour une version encore plus gourmande, ajoutez dans la préparation aux œufs 2 poignées de gruyère râpé, 1 cuil. à soupe de ciboulette coupée finement, quelques échalotes et champignons coupés finement et dorés à la poêle.

le tuyau de laurence

Mon frère ajoute toujours quelques fines rondelles de tomates fraîches, cela donne un résultat plus léger et vraiment délicieux.

le verre de vin qui va bien

Avec ce grand classique, servez un beaujolais-villages.

Rôti de porc aux 40 gousses d'ail

PRÉPARATION 35 MIN I **CUISSON** 50 MIN I **COÛT** ★★ I **DIFFICULTÉ** ★

→ POUR UNE MEILLEURE DIGESTION, PENSEZ À PRENDRE DE L'AIL NOUVEAU
OU UN AIL VIOLET PARFAITEMENT CONSERVÉ, SANS GERMES NI DÉCOLORATIONS
APPARENTES. BON APPÉTIT !

1 Préchauffez le four à 210 °C (th. 7). Placez le rôti de porc dans un plat, salez et poivrez. Séparez les gousses d'ail les unes des autres et répartissez-les, non pelées, dans le plat de cuisson. Arrosez d'un petit trait d'huile d'olive et émiettez dessus les feuilles de thym frais. Versez un petit verre d'eau (15 cl) dans le plat. Faites cuire au four pendant 50 min.

2 Au terme de la cuisson, sortez du four, versez un autre petit verre d'eau si le plat est sec, recouvrez de papier d'aluminium et laissez reposer 15 min.

3 Découpez ensuite le rôti en tranches et servez avec les gousses d'ail entières. Conseillez à vos convives, d'écraser les gousses avec la fourchette pour en faire sortir une purée blanche et merveilleusement parfumée, pleine de bienfaits et à déguster en même temps que la viande.

Les ingrédients pour 6 personnes

1 rôti de porc maigre coupé dans la longe
   (1,7 kg)
4 têtes d'ail nouveau (40 gousses en tout)
1 trait d'huile d'olive
1 branche de thym frais
sel et poivre noir

Astuce_ Servez ce plat avec une salade de tomates au basilic, des fenouils sautés
à la poêle ou des haricots verts simplement cuits à l'eau salée.

le verre de vin qui va bien
Avec cette recette riche en saveurs, proposez un juliénas.

Les incontournables tomates farcies

PRÉPARATION 25 MIN | **CUISSON** 45 MIN | **COÛT** ★ | **DIFFICULTÉ** ★★

1 Préchauffez le four à 200 °C (th. 6-7). Épluchez et coupez finement les oignons et l'ail. Dans une poêle, faites fondre la noisette de beurre puis ajoutez l'ail et les oignons et faites-les revenir 5 min environ.

2 Pendant ce temps, hachez finement le jambon à l'aide d'un couteau. Dans un saladier, mélangez à la fourchette le veau haché avec le jambon, l'ail, les oignons et les fines herbes (persil et estragon). Salez et poivrez.

3 Lavez les tomates et ouvrez-les en découpant leur chapeau (conservez-les pour la suite). Retirez la pulpe à l'aide d'une petite cuillère. Puis garnissez chaque tomate évidée de farce. Tassez bien avant de remettre les chapeaux. Arrosez d'1 filet d'huile d'olive. Faites cuire au four 45 min et servez *illico presto*.

Les ingrédients pour 4 personnes

2 oignons

1 gousse d'ail

2 tranches de jambon

400 g de veau haché

2 cuil. à soupe de persil coupé

2 cuil. à soupe d'estragon coupé

8 tomates moyennes

1 filet d'huile d'olive

1 noisette de beurre pour la poêle

sel et poivre

Astuces_ • Vous pouvez utiliser de l'ail, de l'oignon et des fines herbes surgelés.

• Vous pouvez remplacer le veau et le jambon par un mix de bœuf haché et de chair à saucisse.

la botte secrète d'aude et leslie

Lorsque vous évidez les tomates, n'hésitez pas à déposer leur pulpe dans le fond du plat avant de les mettre au four. En cuisant, vos tomates farcies n'en seront que plus moelleuses.

le tuyau de laurence

Vous pouvez aussi réaliser de super tomates farcies avec le reste de viande de votre pot-au-feu. Dans ce cas, mixez-la avec un oignon et une partie de la pulpe des tomates que vous aurez évidées.

le truc de stéphan

Vers la fin du mois d'août, vous trouverez peut-être sur le marché des tomates « cœur de bœuf ». Elles sont souvent très grosses et seront tellement savoureuses dans cette recette...

Le vrai hachis Parmentier

PRÉPARATION 30 MIN I **CUISSON** 20 MIN I **COÛT** ★ I **DIFFICULTÉ** ★★

→ SACHEZ QUE CE PLAT SE RÉCHAUFFE TRÈS BIEN, VOUS POUVEZ DONC LE PRÉPARER À L'AVANCE.

1 Portez à ébullition une casserole d'eau salée. Épluchez les pommes de terre et coupez-les en morceaux. Quand l'eau bout, ajoutez-les et faites-les cuire 25 min environ.

2 Pendant ce temps, beurrez un plat à gratin. Lavez le persil plat et coupez-le finement. Épluchez les oignons et coupez-les finement. Dans une poêle, faites fondre la noisette de beurre. Ajoutez les oignons et faites-les revenir 3 à 4 min. Puis ajoutez la viande et la chair à saucisse en les écrasant bien avec une cuillère en bois pour éviter les « paquets ». Laissez cuire 10 min environ en remuant régulièrement. Salez, poivrez et ajoutez le persil plat.

3 Préchauffez le four à 200 °C (th. 6-7). Une fois les pommes de terre cuites, égouttez-les bien puis passez-les au moulin à légumes. Ajoutez le lait, le beurre et la muscade. Mélangez énergiquement jusqu'à obtention d'une purée onctueuse.

4 Déposez la viande dans le plat à gratin. Puis recouvrez-la d'une belle couche de purée. Parsemez le tout de gruyère râpé. Mettez au four 20 min environ. Servez *illico presto*.

Les ingrédients pour 4 à 6 personnes

Pour la viande

5 brins de persil plat

2 oignons

450 g de bœuf haché

200 g de chair à saucisse

100 g de gruyère râpé

1 noisette de beurre pour la poêle

sel et poivre

Pour la purée

1,2 kg de pommes de terre

15 cl de lait

80 g de beurre

3 pincées de noix de muscade (facultatif)

1 noisette de beurre pour le plat

Astuce_ N'hésitez pas à utiliser vos restes de viande (bœuf, agneau, poulet...) pour réaliser cette recette. Tous les mélanges sont bons...

le verre de vin qui va bien

Proposez un cahors rouge plein de caractère.

Gratin dauphinois de la maman de Leslie

PRÉPARATION 20 MIN | **CUISSON** 1 H 15 | **COÛT** ★ | **DIFFICULTÉ** ★

→ C'ÉTAIT CLAIREMENT LE PLAT PRÉFÉRÉ DE LESLIE QUAND ELLE ÉTAIT PETITE...
ENCORE AUJOURD'HUI QUAND ELLE VA DÉJEUNER CHEZ SES PARENTS,
ELLE LE RÉCLAME À TOUS LES COUPS !

1 Épluchez les pommes de terre. Rincez-les puis essuyez-les bien. Coupez-les en fines rondelles à l'aide d'un robot ou d'un couteau. Salez et poivrez. Préchauffez le four à 200 °C (th. 6-7).

2 Dans un bol, mélangez le lait, la crème, la noix de muscade et le piment de Cayenne. Épluchez une gousse d'ail, coupez-la en deux et frottez-en l'intérieur d'un plat à gratin. Beurrez ensuite le plat.

3 Épluchez les 3 gousses d'ail et déposez-les entières dans le plat. Répartissez les pommes de terre. Parsemez le tout de thym. Versez le mélange lait-crème sur les pommes de terre. Faites cuire au four entre 1 h et 1 h 15 min, en baissant la température du four à 180 °C (th. 6) à mi-cuisson. Servez chaud.

Les ingrédients pour 4 personnes

1,2 kg de pommes de terre

25 cl de lait

4 cuil. à soupe de crème fraîche

2 pincées de noix de muscade

2 pincées de piment de Cayenne (facultatif)

3 gousses d'ail (facultatif)

1 cuil. à café de thym

1 gousse d'ail

1 noisette de beurre pour le plat à gratin

sel et poivre

Astuces_ • La clé de la réussite ? N'hésitez pas à remuer plusieurs fois les pommes de terre pendant la cuisson au four. • Pour donner encore plus de moelleux à votre gratin, vous pouvez ajouter 2 cuil. à soupe de crème fraîche en cours de cuisson.

Pour varier_ **Version savoyarde**. Il suffit d'ajouter 100 g de gruyère râpé et de le répartir entre chaque couche de pommes de terre.

le truc de stéphan

Pour subtilement faire varier la consistance et la saveur de ce gratin, jouez sur les variétés de pommes de terre. Elles sont si nombreuses...

Soupe de légumes du marché et ses croûtons

PRÉPARATION 15 MIN | **CUISSON** 35 MIN | **COÛT** ★ | **DIFFICULTÉ** ★

→ RIEN QUE L'ODEUR, ON SAIT QU'ON VA SE RÉGALER ! IDÉAL POUR FAIRE LE PLEIN DE VITAMINES ET DE LÉGUMES VERTS. ALORS POURQUOI S'EN PRIVER ?

1 Lavez les courgettes et la branche de céleri, et coupez-les en gros tronçons. Épluchez le navet, les carottes, les poireaux, les pommes de terre et l'oignon, et coupez le tout en gros morceaux. Lavez la ciboulette et le persil.

2 Déposez tous les légumes et les fines herbes dans un faitout. Couvrez d'eau froide. Salez et poivrez. Faites cuire à feu moyen et à couvert 35 min environ jusqu'à ce que les légumes soient tendres. À la fin de la cuisson, passez les légumes au mixeur avec l'équivalent de 2 verres d'eau de cuisson (40 cl). Servez *illico presto* avec les croûtons à l'ail.

Les ingrédients pour 4 personnes

2 courgettes

1 branche de céleri

1 navet

5 carottes en botte

2 poireaux

4 pommes de terre

1 oignon

½ botte de ciboulette

3 brins de persil

1 sachet de croûtons à l'ail

sel et poivre

Astuces_ • À vous de choisir entre 30 et 60 cl d'eau de cuisson selon la consistance voulue (plus ou moins veloutée). • Pour parfumer l'eau de cuisson, pensez à ajouter 1 bouquet garni.

le verre de vin qui va bien

L'idéal pour cette soupe : un cahors rouge.

Fricassée de volaille à l'ancienne

PRÉPARATION 30 MIN I **CUISSON** 55 MIN I **COÛT** ★★ I **DIFFICULTÉ** ★★

1 Coupez le poulet en morceaux ou faites-le faire par votre boucher. Salez et poivrez les morceaux. Faites fondre le beurre dans une cocotte à feu moyen. Faites « raidir », c'est-à-dire cuire sans colorer, les morceaux de volaille pendant 10 min. Retournez-les une fois. Épluchez et hachez l'oignon, la carotte, le blanc de poireau, le céleri et les gousses d'ail. Ajoutez tous les légumes dans la cocotte et laissez cuire pendant 5 min en remuant de temps en temps.

2 Dans une casserole, portez à ébullition le fond de volaille. Ajoutez la farine dans la cocotte et faites cuire 5 min en mélangeant de temps en temps. Ajoutez le fond de volaille bouillant et le bouquet garni. Couvrez la cocotte et faites mijoter pendant 40 min.

3 Pendant ce temps, préparez la garniture. Pressez le demi-citron. Assemblez les champignons, les oignons nouveaux, le beurre et le jus du demi-citron dans une casserole. Ajoutez 10 cl d'eau, du sel et du poivre. Couvrez, portez à ébullition et laissez cuire pendant 10 min environ. Égouttez et réservez.

4 Quand le poulet est cuit, retirez le bouquet garni. Ajoutez la crème, rectifiez l'assaisonnement si nécessaire et incorporez les oignons et les champignons cuits dans la cocotte. Portez à petite ébullition pendant 1 min et servez sans attendre avec des pommes de terre vapeur.

Les ingrédients pour 4 à 6 personnes

1 poulet fermier
40 g de beurre
1 oignon
1 carotte
1 blanc de poireau
1 branche de céleri
2 gousses d'ail
60 cl de fond de volaille
40 g de farine
1 bouquet garni
25 cl de crème fraîche
sel et poivre

Pour la garniture
½ citron
300 g de champignons de Paris
300 g d'oignons nouveaux
40 g de beurre

la botte secrète d'aude et leslie

Essayez cette recette en ajoutant 1 belle cuil. à café de moutarde à l'ancienne dans la crème fraîche. Trop bon !

le truc de stéphan

Pour la sauce, prenez bien de la crème fraîche et non de la crème liquide. La première a été fermentée et sa saveur est bien plus riche.

le verre de vin qui va bien

Un bourgogne-aligoté.

Poêlée de morue aux pommes de terre

PRÉPARATION 30 MIN I **CUISSON** 25 MIN I **COÛT** ★★ I **DIFFICULTÉ** ★

→ VOICI UNE RECETTE ASSEZ CLASSIQUE MAIS, FINALEMENT, À LAQUELLE PERSONNE NE S'ATTEND JAMAIS. LA DIFFÉRENCE AVEC UNE POÊLÉE DE MORUE HABITUELLE, C'EST L'UTILISATION ICI D'OIGNONS NOUVEAUX ET D'AIL. CHOISISSEZ-LES BIEN FRAIS, TOUT JEUNES ET TOUT BEAUX !

1 Dans une grande casserole d'eau frémissante, faites cuire la morue pendant 20 min environ. Égouttez le poisson et, avec une fourchette, émiettez délicatement les filets en éliminant les arêtes, le cas échéant.

2 Épluchez les pommes de terre. Dans une casserole d'eau bouillante, faites-les cuire pendant 25 min environ, elles doivent être encore très légèrement fermes. Égouttez-les, laissez-les refroidir, puis coupez-les en rondelles. Émincez les oignons et les gousses d'ail.

3 Dans une grande poêle, faites chauffer le filet d'huile d'olive à feu assez vif, puis ajoutez les pommes de terre et le poisson. Faites colorer légèrement pendant 5 min en mélangeant délicatement. Ajoutez ensuite les oignons et l'ail. Laissez cuire 10 min à feu moyen. Ajoutez les feuilles de basilic et mélangez.

4 Disposez la préparation dans un plat de service. Pressez dessus les citrons verts, saupoudrez de poivre de Cayenne et de persil plat.

Les ingrédients pour 4 personnes

500 g de morue sous-vide dessalée

500 g de pommes de terre

1 botte d'oignons nouveaux

6 gousses d'ail nouveau

1 bon filet d'huile d'olive

1 botte de basilic

2 citrons verts

2 pincées de poivre de Cayenne

½ botte de persil plat

la botte secrète d'aude et leslie

Nous, on adore utiliser des petites pommes de terre de Noirmoutier dans cette recette. Même pas besoin d'enlever la peau...

le verre de vin qui va bien

Un beau juliénas, vin généreux et raffiné.

Purée de pommes de terre à l'huile d'olive

PRÉPARATION 25 MIN I **CUISSON** 20 MIN I **COÛT** ★ I **DIFFICULTÉ** ★

→ IL N'Y A RIEN DE MEILLEUR QU'UNE PURÉE DE POMMES DE TERRE « MAISON ».
ALORS À L'HUILE D'OLIVE, ON NE VOUS DIT QUE ÇA...

1 Épluchez les pommes de terre et coupez-les en morceaux. Dans une casserole d'eau bouillante salée, faites-les cuire 20 min. Dans une autre casserole, portez le lait à ébullition. Coupez les olives en petits morceaux.

2 À la fin de la cuisson, égouttez les pommes de terre et passez-les au presse-purée au-dessus d'une casserole contenant l'huile d'olive. Puis faites chauffer la casserole à feu doux en mélangeant énergiquement à l'aide d'un fouet. Versez progressivement le lait chaud jusqu'à obtention d'une consistance onctueuse. Ajoutez les olives. Salez et poivrez. Mélangez bien et servez *illico presto*.

Les ingrédients pour 4 personnes

1 kg de pommes de terre

15 cl de lait entier

1 belle poignée d'olives noires dénoyautées

4 cuil. à soupe d'huile d'olive

fleur de sel et poivre du moulin

Astuces_ • Vous pouvez remplacer les olives noires par des vertes ou des fines herbes ciselées pour d'autres saveurs. • Pour les plus gourmands, ajoutez quelques pignons de pin poêlés à sec juste avant de servir. • Cette purée gourmande sera parfaite avec 1 sole meunière, du poisson poché, 1 côte de bœuf ou des blancs de poulet à la crème.

la botte secrète d'aude et leslie

Pour les jours de fête, sortez l'huile de truffe et zappez l'huile d'olive... Et si vous allez jusqu'à remplacer les olives noires par des petits morceaux de truffe fraîche, c'est le paradis !

le tuyau de laurence

J'adore cette purée mais n'hésitez pas à choisir une huile d'olive de qualité.
Au moment de servir, arrosez d'1 beau filet... un régal.

La charlotte aux poires

PRÉPARATION 40 MIN | **RÉFRIGÉRATION** 30 MIN + 4 H | **COÛT** ★ | **DIFFICULTÉ** ★★ |
MATÉRIEL SPÉCIFIQUE 1 MOULE À CHARLOTTE (18 CM X 9 CM)

1 Tapissez le moule cannelé avec les biscuits à la cuillère. Ceux-ci doivent être très serrés et ne plus pouvoir bouger du tout dans le moule. Faites tremper les feuilles de gélatine dans de l'eau froide pendant 10 min. Dans une casserole, faites chauffer le lait avec la gousse de vanille. Dans un saladier, battez les jaunes d'œufs avec le sucre en poudre puis versez le lait bouillant dessus. Battez puis replacez le tout dans la casserole et faites cuire à feu doux pendant 10 min environ, comme une crème anglaise.

2 Sortez les feuilles de gélatine de l'eau et pressez-les entre vos doigts pour éliminer l'eau. Sortez la casserole du feu et ajoutez-y la gélatine. Mélangez et laissez refroidir complètement à l'air libre, puis placez au réfrigérateur pendant 30 min environ.

3 Pendant ce temps, battez la crème et le sucre glace pour obtenir une chantilly bien ferme. Égouttez les poires au sirop et coupez-les en cubes. Quand la crème à la gélatine commence à se solidifier, ajoutez la crème battue, les cubes de poires et l'alcool de poire. Mélangez bien puis versez la préparation dans le moule cannelé. Laissez prendre au réfrigérateur pendant 4 h au moins. Servez la charlotte démoulée.

Les ingrédients pour 6 à 8 personnes

12 biscuits à la cuillère

8 feuilles de gélatine

75 cl de lait

1 gousse de vanille

9 jaunes d'œufs

210 g de sucre en poudre

30 cl de crème liquide

1 cuil. à soupe de sucre glace

250 g de poires au sirop égouttées

2 cuil. à soupe d'alcool de poire

la botte secrète d'aude et leslie

N'hésitez pas à tremper vos boudoirs dans le sirop des poires en conserve pour les imbiber légèrement. Encore meilleur si vous ajoutez un peu de liqueur de poire dans le jus...

le tuyau de laurence

Vous pouvez également faire fondre une tablette de chocolat noir et y tremper vos boudoirs. Laissez-les sécher sur une grille à gâteau dans un endroit frais et sec avant de les disposer dans le moule.

Clafoutis aux cerises de mes grands-parents

PRÉPARATION 30 MIN I **CUISSON** 25 MIN I **COÛT** ★ I **DIFFICULTÉ** ★

→ DANS LE JARDIN DE MES GRANDS-PARENTS POUSSAIT UN VIEUX CERISIER AUQUEL NOUS GRIMPIONS QUAND NOUS ÉTIONS ENFANTS. MES GRANDS-PARENTS RAMASSAIENT LES CERISES QUE NOUS N'AVIONS PAS DÉVORÉES ET FAISAIENT CETTE RECETTE TOUTE SIMPLE.

STÉPHAN

1 Préchauffez le four à 200 °C (th. 6-7). Dénoyautez les cerises (vous devez obtenir 450 g de fruits environ), placez les fruits dans un saladier avec l'armagnac et mélangez. Coupez la gousse de vanille en deux dans le sens de la longueur, récupérez les petites graines noires avec un couteau et versez-les dans un grand bol. Ajoutez la crème et le lait et fouettez un instant.

2 Dans un saladier, cassez les œufs, ajoutez le sucre et battez avec un fouet à main pour faire blanchir le mélange. Ajoutez la farine et la pincée de sel. Versez ensuite le mélange crème-lait-vanille et fouettez un instant pour avoir une pâte bien lisse.

3 Beurrez un moule à clafoutis puis chemisez-le avec le sucre roux. Répartissez les cerises et leur alcool au fond du moule, puis versez la pâte par-dessus. Faites cuire au four pendant 20 à 25 min environ. Servez tiède ou chaud.

Les ingrédients pour 6 à 8 personnes
500 g de cerises
4 cuil. à soupe d'armagnac
1 gousse de vanille
20 cl de crème liquide
20 cl de lait
4 œufs
140 g de sucre roux
70 g de farine tamisée
1 pincée de sel

Pour le moule (24 cm x 5 cm)
20 g de beurre
1 cuil. à soupe de sucre roux

le truc de stéphan

Si le marché est généreux, mélangez deux ou trois sortes de cerises. Pour donner un autre goût, ajoutez aussi quelques cerises à l'alcool.

la botte secrète d'aude et leslie

Pour un petit plus déco, préparez ce clafoutis dans des ramequins individuels (réduisez alors le temps de cuisson) et saupoudrez-les de sucre glace à la sortie du four.

Le vrai crumble aux pommes

PRÉPARATION 15 MIN | **CUISSON** 30 MIN | **COÛT** ★ | **DIFFICULTÉ** ★

→ VOICI L'INRATABLE RECETTE D'*APPLE CRUMBLE*, RAPPORTÉE PAR MAMAN
DANS SES VALISES, LORS DE SON PREMIER SÉJOUR LINGUISTIQUE À PORTSMOUTH...
TESTÉE ET APPROUVÉE DEPUIS 40 ANS !

AUDE & LESLIE

1 Préchauffez le four à 210 °C (th. 7). Épluchez
et coupez les pommes en petits morceaux.
Répartissez-les dans le fond d'un moule.
Puis arrosez-les de jus de citron et saupoudrez-les
de sucre vanillé et de cannelle.

2 Pour la pâte à crumble, coupez le beurre
en morceaux et faites-le ramollir au micro-ondes.
Dans un saladier, mélangez bien la farine avec le sucre
roux. Puis ajoutez le beurre ramolli.

3 Malaxez la préparation avec les mains
puis émiettez-la du bout des doigts pour lui donner
une consistance sableuse (comme une grosse semoule).
Ajoutez la pâte sur les fruits en une couche régulière.
Faites cuire au four 30 min environ. Servez tiède.

Les ingrédients pour 6 personnes
Pour les fruits
6 belles pommes
le jus d'1/2 citron
1 sachet de sucre vanillé
3 pincées de cannelle en poudre

Pour la pâte
125 g de beurre
200 g de farine
150 g de sucre roux

Astuce_ Vous pouvez augmenter les doses de cannelle (5 pincées) sur les pommes
pour un crumble plus épicé.

Pour varier_ Sachez que vous pouvez troquer les 200 g de farine par 50 g de poudre
d'amandes et 150 g de farine.

la botte secrète d'aude et leslie

Pour un crumble haut en saveurs, à l'aide d'un pinceau alimentaire,
badigeonnez vos pommes avec 100 g de confiture de framboises
avant d'ajouter la pâte sableuse et de mettre au four.

La tarte des Demoiselles Tatin

PRÉPARATION 25 MIN I **CUISSON** 35 MIN I **COÛT** ★ I **DIFFICULTÉ** ★★

→ CETTE DÉLICIEUSE TARTE EST NÉE DE L'ÉTOURDERIE DES DEUX SŒURS TATIN, QUI OUBLIÈRENT DE METTRE LA PÂTE SOUS LES POMMES. ELLES LA RAJOUTÈRENT AU DERNIER MOMENT SUR LE DESSUS ET... REMPORTÈRENT UN FRANC SUCCÈS !

1 Préchauffez le four à 240 °C (th. 8). Beurrez un moule à bord haut (moule à manqué) et réservez. Déroulez la pâte en la laissant sur le papier sulfurisé, et laissez-la reposer à température ambiante. Épluchez les pommes et coupez-les en 4 quartiers environ.

2 Pour le caramel, faites fondre, à feu doux, la moitié du sucre avec 3 cuil. à soupe d'eau, le jus de citron puis le beurre doux. Mélangez jusqu'à l'obtention d'un caramel blond et lisse, puis versez-le dans le moule.

3 Ajoutez les pommes, face bombée contre le caramel, en laissant un espace entre les fruits et le bord du moule. Ajoutez le beurre salé, l'autre moitié du sucre et le sucre vanillé.

4 Étalez la pâte sur les pommes et aplatissez-la pour qu'elle adhère bien. Puis recourbez les bords à l'intérieur. Faites cuire au four 30 à 35 min environ. À la sortie du four, attendez 30 s avant de retourner la tarte sur un plat pour la démouler. Servez votre tatin tiède accompagnée de crème fraîche épaisse.

Les ingrédients pour 4 à 6 personnes

1 noisette de beurre pour le moule

1 pâte brisée

8 pommes

100 g de sucre

1 cuil. à soupe de jus de citron

60 g de beurre doux

20 g de beurre salé

1 sachet de sucre vanillé

1 petit pot de crème fraîche épaisse

Astuces_ • Au moment du démoulage, n'attendez pas trop car le caramel colle au moule en refroidissant. Si c'est le cas, mettez à nouveau votre tatin au four 5 min, afin que le caramel se fluidifie. • Pour réussir à tous les coups, choisissez des pommes adaptées : reines des reinettes, canada gris ou boskoop. • Si votre tarte Tatin dore trop vite lors de la cuisson, n'hésitez pas à la couvrir d'une feuille de papier d'aluminium.

la botte secrète d'aude et leslie

Pour une version encore plus caramélisée, saupoudrez votre tatin (une fois démoulée) de sucre roux et repassez-la quelques minutes sous le gril du four avant de la servir.

le verre de vin qui va bien

Proposez un sauternes ou, plus modestement, un excellent monbazillac.

Compote pomme-banane au miel

PRÉPARATION 25 MIN I **CUISSON** 25 MIN I **COÛT** ★ I **DIFFICULTÉ** ★

→ CUITS ASSEZ RAPIDEMENT, LES FRUITS GARDENT TOUT LEUR PARFUM. POUR LEUR DONNER LA TEXTURE FINE TYPIQUE DES COMPOTES, COMPTEZ PLUS SUR LE MIXEUR QUE SUR LA CUISSON...

1 Pelez les pommes, retirez le cœur et les pépins. Détaillez les fruits en quartiers, puis coupez-les.

2 Pelez les bananes et coupez-les en tranches fines. Pressez le demi-citron et versez le jus sur les bananes. Fendez la gousse de vanille en deux dans le sens de la longueur et, avec la lame du couteau, grattez l'intérieur pour récupérer les petites graines noires.

3 Dans une grande casserole en acier inoxydable, disposez les pommes, les bananes, le jus de citron, les graines et les morceaux de gousse de vanille, le miel et 5 cl d'eau. Portez à ébullition. Couvrez et laissez cuire à feu très doux pendant 25 min environ, en remuant de temps en temps pour que les fruits n'attachent pas à la casserole.

4 Lorsque les fruits sont bien cuits (goûtez-les pour vous en assurer), retirez les morceaux de gousse de vanille. Versez les fruits et le jus de cuisson dans le bol d'un mixeur et réduisez-les en une purée aussi fine que possible. Ajoutez le beurre et un peu de miel, si vous le souhaitez. Dégustez tiède ou froid.

Les ingrédients pour 4 à 6 personnes

600 g de pommes reinette

3 bananes mûres

½ citron

1 gousse de vanille

6 cuil. à soupe de miel d'acacia

1 noix de beurre

Astuce_ Lorsque vous détaillez les pommes en quartiers, ne cherchez pas à ce qu'ils soient tous réguliers. Le but est juste de faciliter et d'accélérer la cuisson pour préserver toute la saveur du fruit.

Pâtes de fruits de la Passion

PRÉPARATION 15 MIN | **CUISSON** 20 MIN | **REPOS** 1 NUIT | **COÛT** ★ | **DIFFICULTÉ** ★★ |

MATÉRIEL SPÉCIFIQUE 1 MOULE ROND OU RECTANGULAIRE

→ CETTE RECETTE DONNE DES PÂTES DE FRUITS PRESQUE TRANSLUCIDES
ET TRÈS PARFUMÉES. À DÉCOUVRIR ABSOLUMENT !

1 Ouvrez les fruits de la Passion et, avec une cuillère à café, récupérez la pulpe. Filtrez avec une passoire assez fine pour éliminer les pépins. Vous devez obtenir au moins 500 g de jus prêt à l'emploi.

2 Dans une grande casserole en acier inoxydable, mettez le jus des fruits de la Passion et le sucre pour confiture. Portez à ébullition, puis faites cuire à feu moyen pendant 20 min en remuant constamment.

3 Versez la pâte liquide et brûlante dans un moule rond ou rectangulaire. L'épaisseur de la pâte doit être d'au moins 2 cm et ne doit pas dépasser 3,5 cm. Laissez refroidir et reposer à température ambiante pendant 1 nuit.

4 Le lendemain, démoulez la pâte, puis coupez-la en carrés avec un couteau. Dans un saladier, mélangez les carrés de pâte avec le sucre cristallisé. Présentez les pâtes de fruits dans une assiette ou conservez-les une quinzaine de jours dans une boîte hermétique placée dans un endroit frais.

Les ingrédients pour 1 kg de pâtes
de fruits
750 g de fruits de la Passion
500 g de sucre pour confiture
250 g de sucre cristallisé

le truc de stéphan

Ne mixez pas la pulpe des fruits de la Passion sinon vous briseriez les pépins et ils donneraient un goût âpre au jus. Contentez-vous de la filtrer avec une passoire ou, mieux, avec une centrifugeuse. On trouve maintenant du jus de passion surgelé, pensez-y !

Crêpes Suzette

RÉALISATION DES CRÊPES AVEC LE TEMPS DE REPOS 50 MIN | **PRÉPARATION** 25 MIN | **CUISSON** 5 MIN | **COÛT** ★ | **DIFFICULTÉ** ★★

→ POUR RÉUSSIR À FLAMBER LES CRÊPES, IL FAUT QUE L'ALCOOL SOIT CHAUFFÉ MAIS PAS TROP ! UNE FOIS LES FLAMMES ÉTEINTES, IL VOUS RESTERA L'ARÔME DU COGNAC ET DU GRAND MARNIER SANS LEUR CÔTÉ FORT !

1 Préparez la pâte à crêpes. Versez la farine et le sel dans un saladier et creusez un puits. Dans un bol, fouettez les œufs, le lait, le zeste de citron et le beurre fondu, puis versez dans le puits de farine. Fouettez à nouveau pour obtenir une pâte fluide. Laissez reposer 30 min. Faites cuire huit crêpes.

2 Pressez le citron. Prélevez le zeste de l'orange et coupez-en finement une partie pour obtenir l'équivalent d'1 cuil. à soupe de zestes fins. Pressez ensuite le fruit. Dans une casserole, versez le sucre glace, le jus du citron, le jus de l'orange et les zestes ; faites chauffer à feu doux. Quand le mélange est chaud, ajoutez le beurre et mélangez avec une cuillère en bois jusqu'à ce que le beurre soit complètement fondu.

3 Préchauffez le four à 150 °C (th. 5). Trempez une à une les crêpes dans la casserole, pliez-les en quatre et placez-les dans un plat. Couvrez de papier d'aluminium. Passez le plat de crêpes 5 min au four.

4 Au moment de servir, versez le Grand Marnier et le cognac dans une petite casserole et mettez à chauffer. Versez sur les crêpes sorties du four et faites flamber avec une allumette. Servez quand les flammes sont toutes éteintes.

Les ingrédients pour 8 crêpes

1 citron
1 orange
100 g de sucre glace
150 g de beurre
3 cuil. à soupe de Grand Marnier
3 cuil. à soupe de cognac

Pour la pâte

125 g de farine
2 œufs
25 cl de lait
le zeste fin d'½ citron
20 g de beurre fondu
20 g de beurre pour la cuisson
1 pincée de sel

le tuyau de laurence

Ne faites jamais flamber vos crêpes sous une hotte, bien sûr !

Gâteau à l'ananas façon baba

PRÉPARATION 20 MIN | **CUISSON** 25 MIN | **COÛT** ★★ | **DIFFICULTÉ** ★ |

MATÉRIEL SPÉCIFIQUE 1 MOULE À SAVARIN

→ VOICI UNE RECETTE ASSEZ ORIGINALE QUI VOUS RAPPELLERA PEUT-ÊTRE LES BABAS DE VOTRE ENFANCE, QUAND ON LES TROUVAIT ASSEZ FACILEMENT DANS LES PÂTISSERIES. CE SUCCULENT DESSERT SEMBLE AVOIR DÉSERTÉ LES ÉTALES, MAIS QU'À CELA NE TIENNE : FAITES-LE VOUS-MÊME !

1 Préchauffez votre four à 210 °C (th. 7). Beurrez votre moule.

2 Faites fondre le beurre au micro-ondes. Séparez les blancs des jaunes d'œufs. Mélangez les jaunes et le sucre puis ajoutez le beurre fondu, la farine et la levure. Montez les blancs en neige et incorporez-les à la pâte.

3 Égouttez les tranches d'ananas en conservant le jus. Étalez la moitié des tranches d'ananas au fond du moule. Recouvrez avec la moitié de la pâte, étalez la deuxième moitié des tranches d'ananas puis terminez par le reste de pâte.

4 Enfournez le gâteau et laissez-le cuire 25 min.

5 Versez le jus d'ananas dans une casserole, ajoutez les morceaux de sucre et le rhum. Portez à ébullition et laissez réduire légèrement.

6 Démoulez le gâteau encore chaud dans un plat creux puis arrosez du sirop de rhum chaud. Laissez refroidir avant de servir.

Les ingrédients pour 6 à 8 personnes

125 g de beurre

3 œufs

125 g de sucre

125 g de farine

½ sachet de levure

1 boîte d'ananas 4/4

1 noix de beurre pour le moule

Pour le sirop

5 morceaux de sucre

10 cl de rhum

le truc de stéphan

Utilisez de la levure biologique et laissez fermenter la pâte une petite heure avant de la mettre à cuire.

English cake

PRÉPARATION 25 MIN I **CUISSON** 45 À 50 MIN I **COÛT** ★★ I **DIFFICULTÉ** ★★ I

MATÉRIEL SPÉCIFIQUE 1 MOULE À CAKE

1 Préchauffez votre four à 180 °C (th. 6). Beurrez votre moule.

2 Versez le rhum dans un bol et mettez-y vos raisins à gonfler. Taillez vos zestes d'oranges confits en dés. Émincez finement votre zeste de citron. Coupez vos cerises en quatre.

3 Mettez votre beurre à ramollir puis versez-le dans un saladier. Ajoutez la cassonade et mélangez au fouet 5 min pour obtenir un mélange crémeux et léger. Ajoutez alors les œufs un à un en fouettant bien à chaque fois. Ajoutez la farine, le sel et la levure, et mélangez à la spatule.

4 Égouttez vos raisins et mélangez tous les fruits dans un bol. Ajoutez les 2 cuil. à soupe de farine et mélangez pour bien les enrober. Jetez le surplus de farine et versez les fruits dans la pâte. Mélangez à la spatule et versez la pâte dans le moule.

5 Enfournez et laissez cuire 45 à 50 min. Vérifiez la cuisson avec la pointe d'un couteau. Démoulez votre cake encore chaud sur une grille et laissez refroidir.

Les ingrédients pour 6 à 8 personnes

1 dl de rhum

100 g de raisins de Corinthe

100 g de zestes d'oranges confits

1 beau zeste de citron (10 cm)

100 g de cerises confites

125 g de beurre

125 g de cassonade

3 œufs

150 g de farine + 2 cuil. à soupe

1 sachet de levure

1 noix de beurre pour le moule

1 pincée de sel

Pour varier_ Si vous optez pour des cakes individuels, réduisez le temps de cuisson et vérifiez toujours avec la pointe d'un couteau.

le tuyau de laurence

Pour votre zeste de citron, achetez des citrons bio car ils ne sont pas traités. Pour prélever facilement le zeste, utilisez un couteau économe.

Pomme et brioche au four

PRÉPARATION 15 MIN I **CUISSON** 40 MIN I **COÛT** ★★ I **DIFFICULTÉ** ★★

→ VOICI UN DESSERT QUE VOUS POUVEZ PRÉPARER TRÈS FACILEMENT
ET EN UN RIEN DE TEMPS. SI VOUS AVEZ BEAUCOUP D'ENFANTS À TABLE,
PENSEZ AUSSI À CETTE RECETTE POUR FAIRE UN SUPERBE GOÛTER...

1 Préchauffez votre four à 180 °C (th. 6). Lavez les
pommes et enlevez le cœur à l'aide d'un vide-
pomme, conservez la peau.

2 Beurrez un plat et déposez les 4 tranches de
brioche dedans. Déposez 1 pomme sur chacune
d'elles. Déposez délicatement 1 cuil. de gelée
de groseille dans le trou laissé dans les pommes
par le vide-pomme. Recouvrez d'1 noisette de beurre.

3 Enfournez 40 min.

Les ingrédients pour 4 personnes

4 pommes

4 tranches de brioche

4 cuil. à soupe de gelée de groseille

15 g de beurre + 1 noix pour le plat

Astuce_ Pour une version à tomber et totalement régressive, remplacez la cuillerée
de gelée de groseille par un Carambar.

le truc de stéphan

Faites la recette comme indiqué, mais prenez du beurre demi-sel.
Essayez aussi avec des poires bien mûres.

Salade de fruits plaisir

PRÉPARATION 15 MIN | **COÛT** ★ | **DIFFICULTÉ** ★

→ QUAND VIENT LA SAISON DES FRUITS, LÂCHEZ-VOUS ET CUSTOMISEZ CETTE SALADE. SELON LES FRUITS, VOUS POUVEZ AUSSI AJOUTER UN FILET DE JUS DE CITRON VERT.

1 Pelez les kiwis et la banane et coupez-les en rondelles. Lavez, équeutez les fraises et coupez-les en deux. Lavez et égrainez le raisin. Coupez les abricots secs en quatre. Coupez la pomme en quatre, ôtez le cœur puis détaillez-la en fines lamelles.

2 Versez tous ces fruits ainsi préparés dans un saladier, arrosez de sirop d'orgeat, saupoudrez de noix de coco et mélangez.

Les ingrédients pour 4 personnes

4 kiwis

1 banane

100 g de fraises

15 grains de raisin

4 abricots secs

1 pomme

2 cuil. à soupe de sirop d'orgeat

1 cuil. à soupe de noix de coco râpée

le truc de stéphan

Achetez 250 g de fraises en plus, mixez-les avec 5 cl d'eau et 50 g de sucre. Filtrez avec une passoire fine puis servez votre salade de fruits avec ce coulis.

Bons plans
sur le pouce

Vous courez ? Nous aussi. Mais ce n'est pas une raison pour se nourrir n'importe comment. De toutes façons, nous sommes tellement gourmands et nous aimons tellement cuisiner que nous trouvons toujours de quoi faire un petit plat, un petit encas ou une douceur de dernière minute avec ce que nous avons sous la main. Adieu les plats cuisinés, les conserves ou les grignotages intempestifs. On a des tuyaux pour sauver la situation, alors donnez-nous quelques minutes et mettez-vous aux fourneaux. Ne vous inquiétez pas, laissez-vous simplement guider. Nous avons concocté pour vous 23 recettes simples, faciles et rapides que nous adorons faire et qui vous tirerons d'affaire. Que ce soit en plat ou en dessert, vous avez le choix. Vous trouverez également des recettes que vous pourrez préparer à l'avance et avoir ainsi sous la main, si le courage ou le temps vous manque. Même au dernier moment, il y a toujours moyen de faire un petit plat super sympa et équilibré à grignoter sur le pouce ou en tailleur devant votre film préféré !

Nems tomate mozza

PRÉPARATION 20 MIN I **CUISSON** 10 MIN I **MARINADE** 1 H I **COÛT** ★ I **DIFFICULTÉ** ★★

1 Prenez la moitié du bouquet de basilic, détachez les feuilles et coupez-les en fines lanières. Découpez la mozzarella en tranches fines, mettez-les dans un plat, salez, poivrez puis arrosez d'huile d'olive et saupoudrez de basilic ciselé. Mélangez et laissez mariner 1 h au frais.

2 Coupez les tomates en deux, ôtez les pépins puis coupez-les en tranches fines. Préchauffez votre four à 200 °C (th. 6-7).

3 Coupez les feuilles de brick en deux. Déposez 1 feuille de basilic sur chaque demi-feuille de brick puis répartissez dessus la mozzarella égouttée et les tranches de tomates. Pliez les feuilles de brick comme pour confectionner des nems. Badigeonnez légèrement d'huile d'olive et mettez à cuire 10 min au four. Dégustez chaud.

Les ingrédients pour 4 personnes

1 bouquet de basilic

350 g de mozzarella

huile d'olive

4 tomates en grappe

6 feuilles de brick

sel et poivre

Pour varier_ • Tartinez les feuilles de brick d'un peu de tapenade noire avant de mettre les autres ingrédients. • Vous pouvez remplacer le basilic par des herbes de Provence ou même de la ciboulette. • Pour une variante festive et originale, remplacez la tranche de tomate par 1 quartier de figue fraîche.

la botte secrète d'aude et leslie

Pensez à ajouter quelques tomates confites et des olives vertes coupées en petits morceaux. C'est juste trop bon !

le tuyau de laurence

Utilisez de la mozzarella vendue en barre plutôt que celle en boule, elle est plus adaptée car elle ne rendra pas d'eau à la cuisson.

le verre de vin qui va bien

Un rosé de Provence, mais avec modération, bien sûr.

Barquettes d'endive au roquefort

PRÉPARATION 10 MIN | **COÛT** ★ | **DIFFICULTÉ** ★

→ C'EST UN GRAND CLASSIQUE MAIS C'EST BON ET RAPIDE À FAIRE, ALORS POURQUOI PASSER À CÔTÉ ? POUR UNE VERSION PLUS CONSISTANTE, REMPLACEZ LES ENDIVES PAR DES TOASTS.

1 Émiettez le roquefort à la fourchette dans un bol. Ajoutez la crème et la ciboulette ciselée. Poivrez et mélangez.

2 Pelez les poires, ôtez le cœur et détaillez-les en fines lamelles.

3 Détachez les feuilles des endives, garnissez-les du mélange au roquefort et recouvrez d'1 fine lamelle de poire. Poivrez et servez aussitôt.

Les ingrédients pour 4 personnes

100 g de roquefort

25 cl de crème

10 brins de ciboulette

2 poires de type conférence

4 endives

poivre

le tuyau de laurence

Gardez vos endives à l'abri de la lumière sinon elles verdissent et deviennent amères. C'est pourquoi il vaut mieux préparer cette recette au dernier moment.

le truc de stéphan

Donnez un peu plus de peps à la sauce en ajoutant un peu de jus de citron et 1 pointe de poivre de Cayenne.

Blinis nordiques

PRÉPARATION 25 MIN I **REPOS** 15 MIN I **CUISSON** 15 MIN I **COÛT** ★★ I **DIFFICULTÉ** ★

→ VOUS TROUVEREZ DES PETITS BLINIS DÉJÀ PRÉPARÉS AU RAYON FRAIS DES MAGASINS, MAIS ESSAYEZ DE PRENDRE UN TOUT PETIT PEU DE TEMPS POUR LES FAIRE VOUS-MÊME. C'EST VRAIMENT SIMPLE, C'EST UN DÉLICE... VOUS SEREZ RÉCOMPENSÉS.

1 Versez la farine, la levure, l'œuf, le fromage blanc et le lait dans un saladier et mélangez bien à l'aide d'un fouet. Salez et poivrez, puis laissez reposer cette pâte 15 min.

2 Pendant ce temps, passez les tranches de saumon fumé au mixeur et versez dans un bol. Égouttez bien la faisselle et versez-la sur le saumon haché. Ajoutez le jus de citron vert, poivrez généreusement et mélangez.

3 Faites chauffer une poêle antiadhésive et faites fondre un peu de beurre. Laissez tomber des petits tas de pâte dans la poêle de façon à obtenir des mini-blinis et laissez cuire 1 min de chaque côté. Réservez sur un plat et laissez tiédir.

4 Servez ces mini-blinis recouverts de la préparation de faisselle au saumon.

Les ingrédients pour 40 pièces

200 g de farine

1/2 sachet de levure

1 œuf

2 cuil. à soupe de fromage blanc

20 cl de lait

5 tranches de saumon fumé

2 petits pots de faisselle

1 citron vert

1 noisette de beurre pour la poêle

sel et poivre

Astuce_ Ne versez pas les tas de pâte trop près les uns des autres, ils risqueraient de se toucher en s'étalant un peu à la cuisson.

Pour varier_ Vous pouvez faire des blinis de la taille d'une bouchée ou plus grands, comme des pancakes. Décorez-les d'œufs de truite et de brins d'aneth après les avoir garnis.

le tuyau de laurence

Si vous avez parmi vos amis des personnes qui surveillent leur ligne, remplacez les blinis par des lamelles de concombre d'1/2 cm d'épaisseur. Elles vont adorer !

la botte secrète d'aude et leslie

Pour varier les plaisirs, pensez à remplacer la faisselle au saumon par 1 cuil. à café de Saint Morêt et une lanière de saumon fumé. Recouvrez le tout d'un filet de miel liquide. Donnez un tour de moulin à poivre avant de dévorer ces petites bouchées.

Galettes du dimanche soir

RÉALISATION DES GALETTES AVEC LE TEMPS DE REPOS 45 MIN | **PRÉPARATION ET CUISSON** 30 MIN |
COÛT ★ | **DIFFICULTÉ ★**

→ VOICI LA RECETTE TYPIQUE DU DIMANCHE SOIR. ENCORE MIEUX SI VOUS AVEZ
DES GALETTES DÉJÀ PRÊTES DANS VOTRE FRIGO. C'EST BON, COMPLET ET PRÊT
EN UN TOUR DE MAIN !

1 Préparez la pâte à galettes. Versez la farine de
sarrasin et le sel dans un saladier et creusez un puits.
Dans un bol, fouettez les œufs, 30 cl d'eau et le beurre
fondu, puis versez dans le puits de farine. Fouettez à
nouveau pour obtenir une pâte fluide. Laissez reposer
30 min. Faites cuire huit galettes.

2 Remettez la poêle à galette sur le feu avec
1 noisette de beurre, puis placez une galette
dans la poêle. Saupoudrez de gruyère râpé. Quand
il commence à fondre, ajoutez 1 cuil. à soupe de crème,
puis cassez 1 œuf sur le dessus de la galette. Salez,
poivrez, puis recouvrez de jambon.

3 Laissez cuire 3 min, le temps que le blanc d'œuf
soit cuit, puis rabattez les côtés de la galette vers
le milieu. Répétez l'opération pour les autres galettes.
Servez sans plus attendre.

Les ingrédients pour 8 galettes
1 noisette de beurre
150 g de gruyère râpé
8 cuil. à soupe de crème fraîche
8 œufs
8 tranches de jambon
sel et poivre

Pour la pâte
130 g de farine de sarrasin
2 œufs
30 g de beurre fondu
20 g de beurre pour la cuisson
1 pincée de sel

Astuce_ Si vous voulez servir toutes vos galettes en même temps, maintenez-les
au chaud dans un four à 100 °C (th. 3-4), le temps de finir la cuisson des autres galettes.

la botte secrète d'aude et leslie
Pour titiller vos papilles, ajoutez 1 cuil. à café de moutarde forte dans la crème
fraîche et ½ botte de ciboulette finement coupée.

le verre de vin qui va bien
Gare à la déprime du dimanche soir ! Pour l'éviter, consommez régulièrement
ces galettes toute simples et arrosez-les d'un bon bergerac rouge.

Pain lavash comme dans les fjords

PRÉPARATION 20 MIN I **RÉFRIGÉRATION** 30 MIN I **COÛT** ★★ I **DIFFICULTÉ** ★★

1 Dans un bol, versez le fromage frais, le fromage blanc, les herbes finement coupées (aneth et ciboulette) et le jus de citron. Salez et poivrez généreusement ; mélangez bien.

2 Pelez le concombre et coupez-le en deux dans la longueur. Ôtez les pépins et coupez-le en fines rondelles. Coupez les tranches de saumon fumé en lamelles.

3 Étalez les pains et tartinez-les avec la préparation à base de fromage frais. Recouvrez d'une fine couche de concombre puis de lamelles de saumon fumé. Roulez les pains sur eux-mêmes en maintenant très serré et enveloppez dans du film alimentaire. Placez au frais 30 min.

4 Au moment de servir, ôtez le film, découpez en tranches de 2 cm d'épaisseur environ et maintenez avec une petite pique en bois.

Les ingrédients pour 40 pièces

1 fromage frais type Petit Billy

125 g de fromage blanc

1 bouquet d'aneth

20 tiges de ciboulette

le jus d'1 citron vert

1 concombre

4 pains lavash

5 tranches de saumon fumé

sel et poivre

Astuces_ • Si vous voulez obtenir de fines lamelles de concombre, utilisez une mandoline ou un robot. • Si le temps vous manque, achetez du tsatziki ou du fromage frais ail et fines herbes pour mettre à la place de la préparation à base de fromage frais.

Pour varier_ Vous pouvez remplacer le pain lavash par des galettes de sarrasin.

Petits beignets de champignons farcis

PRÉPARATION 20 MIN I **CUISSON** 10 MIN I **COÛT** ★ I **DIFFICULTÉ** ★★

1 Lavez les champignons de Paris, séchez-les bien et enlevez les pieds. Garnissez l'intérieur des champignons de fromage frais ail et fines herbes à l'aide d'une petite cuillère à café.

2 Faites chauffer l'huile de friture dans une friteuse ou dans une grande casserole (remplie à moitié). Versez la farine dans une assiette creuse. Dans une deuxième assiette creuse, cassez les œufs et battez-les avec une fourchette. Dans une troisième assiette, versez la chapelure.

3 Passez successivement les champignons farcis dans la farine, dans les œufs battus et dans la chapelure. Plongez délicatement dans l'huile bouillante, laissez cuire 1 min puis égouttez sur du papier absorbant. Servez chaud.

Les ingrédients pour 24 pièces
24 champignons de Paris de taille moyenne
150 g de fromage frais ail et fines herbes
huile de friture
60 g de farine
2 œufs battus
100 g de chapelure

Astuce_ Si la friture vous effraie, garnissez les champignons et passez-les 20 min dans un four préchauffé à 200 °C (th. 6-7). C'est très bon aussi.

Pour varier_ Changez de saveur en garnissant les champignons de fromage frais aux noix. Dans ce cas, vous pouvez mélanger des noix finement concassées à la chapelure. Il existe également du fromage frais au poivre. Bon appétit !

Palmiers olives et noisettes

PRÉPARATION 10 MIN I **CUISSON** 10 MIN I **COÛT** ★ I **DIFFICULTÉ** ★

→ C'EST VRAIMENT LA RECETTE ASTUCIEUSE ET RAPIDE POUR ÉPATER LES COPAINS EN UN TOUR DE MAIN.

1 Préchauffez le four à 180 °C (th. 6). Concassez finement les noisettes à l'aide d'un mortier ou avec le manche d'un couteau.

2 Étalez finement la pâte feuilletée pour former un rectangle. Badigeonnez-la de tapenade à l'aide d'une cuillère et saupoudrez uniformément de noisettes concassées ; poivrez. Roulez la pâte feuilletée dans le sens de la longueur, jusqu'au milieu du rectangle. Procédez de même avec l'autre moitié de façon à obtenir 2 rouleaux parallèles se rejoignant à mi-parcours.

3 Recouvrez la plaque du four avec du papier sulfurisé. À l'aide d'un couteau bien tranchant, découpez la pâte roulée en faisant des tranches d'1 cm environ ; ces tranches ont la forme de palmiers. Disposez les palmiers sur la plaque du four. Salez et faites cuire au four pendant 10 min. Servez-les tièdes.

Les ingrédients pour 20 pièces environ

30 g de noisettes décortiquées

1 pâte feuilletée

50 g de tapenade d'olives noires

poivre

sel

Astuce_ Utilisez une pâte feuilletée à étaler plutôt que les rouleaux déjà étalés : ces derniers étant ronds, vous aurez beaucoup de perte !

Pour varier_ À partir de cette recette simplissime, vous pouvez changer les garnitures de ces délicieux palmiers : pesto, sauce tomate / anchois écrasés, roquefort / noix concassées, cheddar râpé / graines de cumin, concentré de tomate / jambon cru / gruyère râpé...

le tuyau de laurence

Si vous roulez la pâte feuilletée sur toute la largeur, vous obtiendrez des colimaçons et non des palmiers !

Croûte du Sud

PRÉPARATION 15 MIN I **CUISSON** 20 MIN I **COÛT** ★ I **DIFFICULTÉ** ★

1 Mettez le four à chauffer en position gril. Lavez l'aubergine et essuyez-la. Coupez-la en tranches fines et badigeonnez ces tranches d'huile d'olive. Étalez les tranches sur une plaque à pâtisserie, salez, poivrez et saupoudrez d'herbes de Provence. Mettez à cuire sous le gril du four 3 min de chaque côté. Gardez au chaud.

2 Préchauffez le four à 200 °C (th. 6-7). Coupez les tomates cerise en deux, salez, saupoudrez de sucre en poudre et arrosez d'un filet d'huile d'olive. Faites cuire au four 15 min. Gardez au chaud.

3 Coupez les crottins de Chavignol en deux dans l'épaisseur et déposez les rondelles sur une plaque du four, côté croûte vers le bas. Poivrez les demi-crottins et saupoudrez-les d'herbes de Provence. Faites cuire au four 10 min, toujours à 200 °C (th. 6-7).

4 Pendant ce temps, épluchez la gousse d'ail. Coupez la baguette en deux, puis fendez chaque demi-baguette. Faites toaster légèrement les tartines dans le grille-pain puis frottez-les avec la gousse d'ail. Tartinez de tapenade, recouvrez de quelques feuilles de roquette, d'une tranche d'aubergine grillée et de petites tomates confites. À leur sortie du four, déposez les demi-crottins sur les tartines, arrosez d'un filet d'huile d'olive et servez aussitôt.

Les ingrédients pour 4 personnes

1 belle aubergine bien ferme

herbes de Provence

12 tomates cerise

1 cuil. à café de sucre en poudre

1 gousse d'ail

1 baguette

125 g de tapenade d'olives noires

1 poignée de roquette

4 crottins de Chavignol

huile d'olive

sel et poivre

Pour varier_ Utilisez un pain typiquement provençal comme une fougasse à l'huile d'olive. Elle peut être nature, aux olives, aux herbes de Provence ou autre...

le tuyau de laurence

Il existe des tranches d'aubergine grillée vendues en sachet au rayon des surgelés de certains magasins.

Crêpes roulées au saumon fumé

RÉALISATION DES CRÊPES AVEC LE TEMPS DE REPOS 50 MIN I **PRÉPARATION** 15 MIN I **COÛT** ★★ I **DIFFICULTÉ** ★

→ POUR GAGNER DU TEMPS, CONFECTIONNEZ CES CRÊPES LA VEILLE ET GARDEZ-LES AU FRAIS DANS DU FILM ALIMENTAIRE. VOUS AUREZ JUSTE À PRÉPARER VOTRE SAUCE LE LENDEMAIN AVANT DE SERVIR.

1 Préparez la pâte à crêpes. Versez la farine et le sel dans un saladier et creusez un puits. Dans un bol, fouettez les œufs, le lait et le beurre fondu, puis versez dans le puits de farine. Fouettez à nouveau pour obtenir une pâte fluide. Laissez reposer 30 min. Faites cuire huit crêpes.

2 Lavez la tomate et coupez-la en quatre. Ôtez les graines et coupez la chair en petits dés. Ôtez les fanes des oignons nouveaux et coupez-les finement. Versez les tomates et les oignons dans un saladier, ajoutez le parmesan râpé, la ricotta et la ciboulette ciselée. Salez, poivrez et mélangez. Coupez les tranches de saumon en deux dans la longueur.

3 Étalez une crêpe, tartinez-la de ricotta et recouvrez d'1 lamelle de saumon. Roulez la crêpe assez serrée. Avec un couteau, coupez les deux extrémités, puis coupez les crêpes en deux. Disposez dans un plat et mettez au frais avant de servir.

4 Préparez la sauce en mélangeant la crème, le jus du demi-citron et les œufs de poisson. Salez et poivrez. Versez sur les crêpes et servez aussitôt.

Les ingrédients pour 8 crêpes

1 tomate

2 oignons nouveaux

100 g de parmesan râpé

200 g de ricotta

4 cuil. à soupe de ciboulette ciselée

4 belles tranches de saumon fumé

sel et poivre

Pour la sauce

20 cl de crème liquide

½ citron

1 petit pot d'œufs de truite ou de lump

sel et poivre

Pour la pâte

125 g de farine

2 œufs

25 cl de lait

20 g de beurre fondu

20 g de beurre pour la cuisson

1 pincée de sel

la botte secrète d'aude et leslie

Pour les soirs de fête, ajoutez quelques œufs de saumon sur chaque crêpe roulée.

le tuyau de laurence

Servez ces crêpes en apéritif : coupez-les en petits tronçons, mettez-les dans un plat et maintenez-les avec une pique. Servez la sauce à part.

le verre de vin qui va bien

Avec cette recette d'inspiration scandinave, proposez de l'aquavit glacé servi dans des tout petits verres, glacés eux aussi.

Tartelettes aux courgettes, cumin et rocamadour

PRÉPARATION 15 MIN I **CUISSON** 12 MIN I **COÛT** ★ I **DIFFICULTÉ** ★

→ DES TARTELETTES AUSSI BELLES QUE BONNES... ET DIRE QU'EN PLUS, ÇA NE VOUS PRENDRA QUE 15 MIN DE PRÉPARATION !

1 Préchauffez le four à 210 °C (th. 7). Lavez les courgettes et coupez-les en fines rondelles. Dans une sauteuse ou une grande poêle, faites chauffer l'huile d'olive. Ajoutez les courgettes et le cumin. Salez et poivrez. Faites revenir le tout 10 min environ en mélangeant régulièrement.

2 Pendant ce temps, détachez délicatement les feuilles de brick de leur emballage. Pliez chacune d'entre elles en deux pour former une demi-lune, puis de nouveau en deux pour obtenir un quart de lune. Déposez ces quatre fonds de tarte sur la plaque du four recouverte de papier sulfurisé.

3 Une fois les courgettes cuites, répartissez-les en écailles sur les fonds de tarte. Déposez 1 rocamadour au centre de chaque tartelette. Poivrez généreusement. Mettez au four 12 min environ jusqu'à ce que le fromage soit bien fondu. À la sortie du four, parsemez les tartelettes de ciboulette ciselée.

Les ingrédients pour 4 personnes
2 courgettes
1 beau filet d'huile d'olive
½ cuil. à café de cumin en poudre
4 feuilles de brick
4 rocamadours
4 cuil. à café de ciboulette ciselée
sel et poivre

Astuce_ Si vous n'avez pas de papier sulfurisé, remplacez-le par du papier d'aluminium huilé ou beurré.

le tuyau de laurence

Et pourquoi ne pas saupoudrer cette tarte de pignons de pin avant de l'enfourner ?

Bricks au thon et à l'œuf

PRÉPARATION 20 MIN | **CUISSON** 12 MIN | **COÛT** ★ | **DIFFICULTÉ** ★★

→ UN CLASSIQUE INCONTOURNABLE VENU TOUT DROIT D'AFRIQUE DU NORD.
ON A RÉCUPÉRÉ CETTE RECETTE AU VOL DANS UN PETIT RESTO MAROCAIN.
ON ADORE LA SERVIR AVEC UN TABOULÉ LIBANAIS.

AUDE & LESLIE

1 Égouttez le thon. Dans un bol, mélangez le thon, les câpres et la ciboulette. Salez et poivrez. Dans une grande casserole, faites chauffer l'huile de friture à feu moyen.

2 Détachez délicatement 1 feuille de brick de son emballage. Badigeonnez les contours de blanc d'œuf à l'aide d'un pinceau alimentaire pour faire adhérer les bords lors du pliage. Déposez au centre un peu de préparation au thon. Creusez légèrement le centre, puis cassez-y 1 œuf. Refermez la feuille de brick en repliant les bords pour former un carré. Répétez l'opération pour les autres feuilles de brick.

3 Une fois l'huile bien chaude, plongez-y délicatement les bricks deux par deux avec une écumoire. Laissez-les cuire 1 min environ. Retournez-les, puis laissez-les cuire 1 min à nouveau. Les bricks sont prêtes quand elles sont bien dorées et que le jaune d'œuf est encore coulant.

4 Égouttez les bricks sur du papier absorbant et servez-en 2 par personne accompagnées d'½ citron.

Les ingrédients pour 6 personnes
(12 bricks)

2 grosses boîtes de thon à l'huile d'olive
(400 g au total)

3 cuil. à soupe de câpres

3 cuil. à soupe de ciboulette ciselée

huile pour la friture

12 feuilles de brick

2 blancs d'œufs

12 œufs

3 citrons (facultatif)

sel et poivre

Astuces_ • Pour une friture au top, assurez-vous qu'il y ait un bon fond d'huile dans la casserole. • Pour l'huile de la friture, à vous de choisir entre l'huile de tournesol ou l'huile d'arachide. Pensez aussi à l'huile d'olive pour des saveurs plus parfumées.

la botte secrète d'aude et leslie
Ajoutez quelques olives vertes dénoyautées et coupées en petits morceaux dans la préparation au thon. C'est super bon !

le verre de vin qui va bien
Servez ces bricks avec un rouge libanais ou marocain.

Tartines de reblochon et jambon Serrano

PRÉPARATION 9 MIN | **CUISSON** 6 MIN | **COÛT** ★★ | **DIFFICULTÉ** ★

1 Préchauffez le gril du four. Lavez la courgette et coupez-la en fines rondelles. Épluchez la gousse d'ail, ôtez le germe s'il y en a un et hachez-la. Dans une poêle, faites chauffer l'huile d'olive. Ajoutez l'ail, puis les rondelles de courgette et faites revenir le tout 5 min.

2 Pendant ce temps, recouvrez la plaque du four de papier sulfurisé et disposez-y les tranches de pain. Ôtez la croûte du reblochon et coupez-le en tranches.

3 Quand les rondelles de courgette sont prêtes, répartissez-les sur les tranches de pain et recouvrez-les de lamelles de reblochon. Poivrez. Mettez les tartines au four 5 à 6 min jusqu'à ce que le fromage soit bien fondu. À la sortie du four, déposez une tranche de jambon Serrano en chiffonnade sur chaque tartine.

Les ingrédients pour 6 personnes

1 courgette

1 gousse d'ail

1 filet d'huile d'olive

6 belles tranches de pain de campagne
   ou de pain Poilâne

1 reblochon

6 belles tranches de jambon Serrano

poivre

Astuces_ • Vous pouvez remplacer le reblochon par du saint-nectaire ou du brie.
• Customisez vos tartines en ajoutant au choix des cerneaux de noix concassés
ou des dés de cornichons. • Pour les mordus de fromage, laissez la croûte du reblochon.

la botte secrète d'aude et leslie

Pour une version toute crue, faites griller vos tranches de pain et tartinez-les
de tsatziki. Garnissez-les ensuite de rondelles de concombre et de tranches
de petit basque. Recouvrez le tout de jambon Serrano et c'est prêt !

le truc de stéphan

N'hésitez pas non plus à ajouter 1 ou 2 tomates confites sur ces tartines, personne
ne s'en plaindra !

Soupe de fraises à l'anis

PRÉPARATION 5 MIN I **CUISSON** 15 MIN I **RÉFRIGÉRATION** 30 MIN I **COÛT** ★★ I **DIFFICULTÉ** ★

→ CETTE RECETTE EST DÉLICIEUSE EN SOUPE MAIS VOUS POUVEZ ÉGALEMENT LA DÉGUSTER SANS MIXER LES FRUITS. LES FRUITS À PEINE COMPOTÉS NAGENT DANS UN JUS PARFUMÉ À L'ANIS : C'EST UN VRAI RÉGAL, QUOIQU'IL ARRIVE !

1 Équeutez les fraises mais ne les lavez pas, elles perdraient une grande partie de leur arôme. Laissez-les entières ou coupez-les en deux ou en quatre, selon leur grosseur.

2 Mettez une poêle à chauffer avec l'huile d'olive. Ajoutez vos fraises, saupoudrez de sucre et saisissez-les 2 min à feu vif.

3 Arrosez de pastis et laissez cuire à nouveau 1 min pour que l'alcool s'évapore et que seul le goût de l'anis reste. Arrosez de jus d'orange et laissez mijoter 10 min. Versez le tout dans un mixeur et mixez pour obtenir un mélange homogène. Vous pouvez également utiliser un bras à soupe.

4 Mettez au réfrigérateur 30 min environ et servez glacé.

Les ingrédients pour 4 personnes
500 g de fraises
1/2 cuil. à soupe d'huile d'olive
2 cuil. à soupe de sucre roux
10 cl de pastis pur
50 cl de jus d'orange frais

la botte secrète d'aude et leslie

Pour un petit plus déco, pensez à déposer sur le dessus de cette soupe glacée un anis étoilé (badiane).

Tartelettes choco-noisette

PRÉPARATION 15 MIN I **CUISSON** 25 MIN I **REPOS** 3 H I **COÛT** ★ I **DIFFICULTÉ** ★ I

MATÉRIEL SPÉCIFIQUE 4 MOULES À TARTE INDIVIDUELS

1 Préchauffez le four à 180 °C (th. 6). Dans la pâte sablée, découpez 4 disques d'un diamètre légèrement supérieur à celui des moules. Étalez les disques de pâte dans les moules individuels beurrés. Piquez les fonds à l'aide d'une fourchette et faites cuire au four 20 à 25 min, jusqu'à ce que la pâte soit cuite et bien dorée.

2 Pendant ce temps, mélangez dans un saladier les noisettes concassées avec le sucre roux et le cacao. Étalez ce mélange sur les fonds de tarte cuits. Dans une casserole à feu doux, faites fondre le chocolat avec la crème fraîche. Mélangez sans cesse jusqu'à l'obtention d'un mélange lisse. Versez le chocolat fondu sur les noisettes.

3 Laissez prendre à température ambiante (3 h environ).

Les ingrédients pour 6 personnes

1 pâte sablée

150 g de noisettes concassées

50 g de sucre roux

40 g de cacao en poudre

200 g de chocolat noir

20 cl de crème fraîche

1 noisette de beurre pour les moules

Astuce_ Si vous n'avez pas de noisettes concassées, utilisez des noisettes entières que vous envelopperez dans un torchon. Concassez-les ensuite à l'aide d'un petit marteau.

Pour varier_ **Tarte chocolat noix et noisettes**. Il suffit de remplacer les 150 g de noisettes par 75 g de noisettes et 75 g de noix concassées.

Salade minute poires et dattes

PRÉPARATION 10 MIN I **COÛT** ★ I **DIFFICULTÉ** ★

→ VOICI LA RECETTE IDÉALE POUR LES COPAINS QUI DÉBARQUENT À L'IMPROVISTE. PENSEZ À TOUJOURS AVOIR SOUS LA MAIN QUELQUES DATTES, NOIX ET NOISETTES : CES FRUITS SECS SE CONSERVENT TRÈS LONGTEMPS ET DEVIENDRONT LES ALLIÉS DE VOS RECETTES DU PLACARD. EN 10 MIN TOP CHRONO, VOUS RÉALISEREZ UN DESSERT AUSSI BLUFFANT QUE DÉLICIEUX.

1 Épluchez les poires et coupez-les en morceaux. Coupez les dattes en petits morceaux. Concassez les noisettes et les noix dans un mortier.

2 Répartissez les poires dans 4 coupelles. Arrosez-les de jus de citron, saupoudrez-les légèrement de sucre vanillé puis ajoutez sur le dessus les dattes, les noix et les noisettes. Servez immédiatement.

Les ingrédients pour 4 personnes

8 poires mûres

12 dattes

1 poignée de noix

1 poignée de noisettes

2 cuil. à soupe de jus de citron

1 sachet de sucre vanillé

Astuce_ Si vous n'avez pas de mortier, vous pouvez concasser les noix et les noisettes en les écrasant avec le manche d'un couteau ou en les enveloppant dans un torchon et en les concassant ensuite à l'aide d'un petit marteau.

Pour varier_ Remplacez les poires par des pommes, les dattes par des figues séchées et le duo noix et noisettes par des noix de pécan.

la botte secrète d'aude et leslie

Cette salade est encore plus savoureuse accompagnée d'un coulis de chocolat, d'un filet de caramel ou de miel liquide.

le truc de stéphan

Pour cette recette, choisissez des poires conférence ou passe-crassanne.

Purée de poires et figues

PRÉPARATION 20 MIN I **CUISSON** 8 MIN I **COÛT** ★ I **DIFFICULTÉ** ★

→ LE VRAI PETIT PLUS DE CETTE RECETTE ? LES PETITS MORCEAUX DE FIGUES SÉCHÉES TREMPÉES DANS DE L'AMARETTO... ÇA DONNE UN PETIT GOÛT DINGUE !

1 Coupez les figues séchées en tout petits morceaux et faites-les tremper dans l'amaretto. Épluchez les poires et coupez-les en petits morceaux. Épluchez les figues et récupérez la chair.

2 Dans une grande poêle, faites fondre le beurre. Ajoutez le miel et les poires et faites-les caraméliser 6 à 8 min environ. Remuez régulièrement.

3 Puis passez au mixeur la poêlée de poires, la chair des figues et la cannelle. Ajoutez un peu de sucre selon votre goût. Servez cette purée tiède ou froide parsemée de figues séchées égouttées.

Les ingrédients pour 4 personnes

4 figues séchées

1 cuil. à soupe d'amaretto

5 poires

5 figues mûres

5 cuil. à soupe de miel liquide

5 pincées de cannelle en poudre

sucre en poudre

1 noix de beurre pour la poêle

Astuce_ Si vos figues sont vraiment mûres, laissez la peau, c'est délicieux.

Délicieux avec..._ Accompagnez-la de cigarettes russes ou d'1 boule de glace aux calissons ou au pain d'épice.

la botte secrète d'aude et leslie

Pour un dessert au top, étalez 1 pâte feuilletée toute prête dans le fond d'un moule, piquez-la à l'aide d'une fourchette et faites-la cuire 15 à 20 min à 180 °C (th. 6). Puis tartinez-la de cette super purée de poires et figues. Un régal !

Brochettes d'ananas à la cannelle et au beurre salé

PRÉPARATION 25 MIN I **CUISSON** 8 MIN I **COÛT** ★ I **DIFFICULTÉ** ★

→ SI VOUS EN TROUVEZ, PRÉPAREZ CETTE RECETTE AVEC DE L'ANANAS VICTORIA CAR SA SAVEUR EST VRAIMENT EXCEPTIONNELLE.

1 Avec un gros couteau, pelez les ananas en faisant très attention de ne pas vous couper. Coupez-les en quartiers dans le sens de la hauteur, éliminez le centre des fruits qui est assez dur puis coupez les chairs restantes en morceaux pas trop petits (la taille d'une grosse noix est parfaite).

2 Placez le fruit ainsi préparé dans un plat. Coupez la vanille en deux dans la longueur et, avec la pointe d'un couteau, grattez et récupérez les petites graines noires qui se trouvent à l'intérieur. Mélangez l'ananas avec les graines de vanille, la cannelle et le beurre salé fondu. Embrochez les morceaux de fruit sur des piques.

3 Posez les brochettes sur la grille du barbecue (ou, à défaut, dans la poêle) et cuisez-les 8 min environ en les retournant deux fois. Attention, le fruit doit rester un peu croquant.

4 Pendant ce temps, préparez la sauce. Hachez le zeste d'orange et mettez-le dans une casserole avec le jus d'ananas et le jus d'orange ; faites bouillir jusqu'à ce que le liquide ait diminué de moitié. Sortez du feu, et ajoutez le beurre salé en fouettant. Nappez les brochettes brûlantes de la sauce chaude.

Les ingrédients pour 4 personnes

2 ananas mûrs

1 gousse de vanille

4 pincées de cannelle

1 belle noix de beurre salé fondu

Pour la sauce

1 cuil. à soupe de zeste d'orange

1 verre de jus d'ananas

1 verre de jus d'orange

1 belle noix de beurre salé

la botte secrète d'aude et leslie

Pour une touche encore plus gourmande, saupoudrez ces brochettes de noix de coco râpée juste avant de les déguster.

le truc de stéphan

L'ananas possède une chair ferme qui résiste très bien à la cuisson. Mieux encore, celle-ci libère des jus et des arômes que le fruit garde bien cachés lorsqu'il est cru.

Petits riz au lait à la cannelle

PRÉPARATION 15 MIN | **CUISSON** 30 MIN | **COÛT** ★ | **DIFFICULTÉ** ★

1 Concassez les pistaches et les pignons de pin
à l'aide d'un mortier ou du manche d'un couteau.

2 Lavez le riz rond et égouttez-le. Versez le lait Gloria,
les berlingots de lait concentré et 20 cl d'eau dans
une casserole, ajoutez le riz, la cannelle et portez
à ébullition. Laissez cuire 30 min à feu très doux
en remuant régulièrement avec une cuillère en bois.

3 Hors du feu, aussitôt après, ajoutez la crème
anglaise, les pignons de pin et les pistaches.
Remuez bien avec une cuillère en bois et répartissez
dans des petits verres.

Les ingrédients pour 6 à 8 personnes

1 cuil. à soupe de pistaches

2 cuil. à soupe de pignons de pin

100 g de riz rond

1 boîte de lait Gloria

2 berlingots de lait concentré sucré

1 cuil. à café de cannelle en poudre

20 cl de crème anglaise

Pour varier_ Parfumez le riz au lait avec 1 cuil. à soupe d'eau de rose, d'eau de fleur
d'oranger, d'extrait de vanille ou d'extrait d'amande amère. Dans ce cas, supprimez
la cannelle.

la botte secrète d'aude et leslie

Pour varier les plaisirs, remplacez la cannelle par 1 cuil. à soupe de noix de coco
râpée et rajoutez – juste avant de servir – des copeaux de chocolat noir (que vous
réaliserez à l'aide d'un couteau économe ou d'un couteau de cuisine classique).

Profiteroles au chocolat

PRÉPARATION 15 MIN I **COÛT** ★ I **DIFFICULTÉ** ★

→ UN DESSERT EXPRESS ET INRATABLE QUI FERA LE PLUS GRAND BONHEUR DES PETITS COMME DES GRANDS.

1 Coupez les choux en deux dans le sens horizontal, sans aller jusqu'au bout. Garnissez-les d'une petite boule de glace puis déposez-les sur un plat creux. Réservez au réfrigérateur le temps de préparer la sauce.

2 Pour la sauce au chocolat, faites fondre à feu doux dans une casserole le chocolat cassé en morceaux avec la crème liquide. Remuez régulièrement jusqu'à l'obtention d'une sauce onctueuse.

3 Nappez généreusement vos profiteroles de chocolat chaud. Servez immédiatement.

Les ingrédients pour 6 personnes

Pour les choux
18 choux
1,5 l de glace à la vanille

Pour la sauce
400 g de chocolat noir
20 cl de crème liquide

Astuce_ Sachez que votre boulanger peut vous préparer des petits choux sur commande ou qu'il en existe aussi au rayon surgelé des supermarchés.

la botte secrète d'aude et leslie

Pour varier les plaisirs, pensez à remplacer la traditionnelle boule de glace à la vanille par de la glace au nougat, à la noisette ou aux fruits de la passion. Vous pouvez aussi saupoudrer vos profiteroles de noisettes concassées ou d'amandes effilées juste avant de servir.

Fruits secs aux amandes

PRÉPARATION 20 MIN I **COÛT** ★ I **DIFFICULTÉ** ★

1 Lavez-vous les mains. Détaillez la barre de pâte d'amandes en trois boules que vous travaillerez entre vos mains pour les ramollir. Séparez chaque boule en dix morceaux que vous malaxerez pour obtenir des petits boudins.

2 Fendez les fruits secs en deux dans la longueur. Ôtez les noyaux des pruneaux et des dattes.

3 Versez la noix de coco râpée dans une assiette creuse. Passez chaque boudin de pâte d'amandes dans la noix de coco avant de farcir vos fruits secs.

4 Garnissez une boîte de ces fruits secs farcis.

Les ingrédients pour 6 personnes

250 g de pâte d'amandes

10 pruneaux

10 dattes

10 abricots secs

2 cuil. à soupe de noix de coco râpée

Pour varier_ • Remplacez la noix de coco râpée par des cerneaux de noix, ou des noix de pécan que vous placerez sur le dessus de chaque fruit déguisé. • Vous pouvez aussi rouler vos boudins de pâte d'amandes dans du sucre cristallisé et ajouter des amandes effilées en décoration.

la botte secrète d'aude et leslie

Pour les mordus de chocolat, zappez la pâte d'amandes et testez ce petit tour de main qu'on doit à notre copine Élisa : faites fondre 200 g de chocolat noir avec 1 pincée de café soluble et 3 cuil. à soupe d'eau. Laissez refroidir jusqu'à ce que le chocolat épaississe puis farcissez vos fruits secs et roulez-les dans du sucre cristallisé.

Salade de semoule, poire et anis

PRÉPARATION 20 MIN I **COÛT** ★ I **DIFFICULTÉ** ★

→ J'AI INVENTÉ CETTE RECETTE APRÈS AVOIR GOÛTÉ L'UNE DES SPÉCIALITÉS D'AUDE ET LESLIE : LA TARTE FINE AUX POIRES ET ANIS ÉTOILÉ ET COULIS DE LAIT CONCENTRÉ (DANS *TARTES & SALADES*, LE N° 1 DE LA POPOTE DES POTES). LE MÉLANGE DE CES INGRÉDIENTS EST SUPER TOP, ALORS ESSAYEZ-LE SOUS UNE AUTRE FORME !

LAURENCE

1 Versez le lait concentré sucré, 25 cl d'eau et les étoiles de badiane dans une casserole et portez à ébullition. Laissez ensuite infuser 10 min hors du feu.

2 Sortez les étoiles de badiane de la casserole et versez-y la semoule. Mélangez et laissez gonfler 10 min.

3 Pendant ce temps, pelez les poires et coupez-les en petits dés.

4 Versez la semoule dans un plat, mélangez à la fourchette pour bien détacher les grains. Ajoutez les dés de poire et les amandes. Mélangez délicatement et servez tiède.

Les ingrédients pour 4 personnes

2 berlingots de lait concentré sucré

4 étoiles de badiane

200 g de semoule de blé dur (grain fin)

3 poires comice ou conférence

100 g d'amandes effilées

Astuce_ Accompagnez cette salade d'un sorbet à la poire par exemple.

la botte secrète d'aude et leslie

Et n'oubliez pas pour la petite touche déco finale d'ajouter les étoiles de badiane avant de servir !

Pêches pralinées rôties au miel

PRÉPARATION 10 MIN | **CUISSON** 5 MIN | **COÛT** ★ | **DIFFICULTÉ** ★

1 Épluchez les pêches, coupez-les en deux et ôtez les noyaux. Dans une assiette creuse, mélangez le sucre et le pralin. Dans un bol, versez le miel liquide. Trempez successivement chaque moitié de pêche dans le miel, puis dans le mélange sucre-pralin.

2 Dans une poêle antiadhésive, faites chauffer le beurre. Ajoutez les pêches et laissez cuire 5 min en les retournant régulièrement et délicatement.

3 Déposez une moitié de pêche dans chaque assiette. Garnissez-la d'1 boule de glace au praliné, puis recouvrez le tout d'une autre moitié de pêche. Répétez l'opération pour les cinq assiettes suivantes. Puis saupoudrez le tout de palets bretons grossièrement émiettés.

Les ingrédients pour 6 personnes
6 pêches
6 cuil. à soupe de sucre roux
8 cuil. à soupe de pralin
8 cuil. à soupe de miel liquide
30 g de beurre
6 boules de glace au praliné
3 palets bretons

Astuce_ Vous pouvez remplacer les pêches par des abricots ou des pêches au sirop.

la botte secrète d'aude et leslie
Pour les fous de praliné, remplacez les palets bretons par des chouchous pilés...

le verre de vin qui va bien
Essayez ce dessert avec un petit verre de Lillet, apéritif à l'orange très en vogue avant-guerre, tombé en désuétude puis « ressuscité » il y a quelques années.

Financiers aux myrtilles

PRÉPARATION 10 MIN | **CUISSON** 12 MIN | **COÛT** ★ | **DIFFICULTÉ** ★ |

MATÉRIEL SPÉCIFIQUE MOULES À FINANCIERS

→ DES PETITS GÂTEAUX MAISON À DÉGUSTER À L'HEURE DU GOÛTER AVEC LES ENFANTS, POUR UN PETIT DÉJEUNER EN AMOUREUX OU POUR UN THÉ ENTRE COPINES.

1 Préchauffez le four à 210 °C (th. 7). Rincez les myrtilles et séchez-les délicatement en les déposant sur du papier absorbant. Faites fondre le beurre au micro-ondes.

2 Dans un saladier, mélangez la farine, la poudre d'amandes, le sucre glace et le sel. Ajoutez un à un les blancs d'œufs non battus. Mélangez bien. Ajoutez le beurre fondu. Mélangez à nouveau. Ajoutez les myrtilles dans la préparation.

3 Versez la pâte dans des moules à financiers beurrés et mettez au four 12 min environ. Démoulez sur une grille. Servez tiède ou froid.

Les ingrédients pour 6 personnes
(14 financiers environ)

80 g de myrtilles

100 g de beurre

60 g de farine

100 g de poudre d'amandes

150 g de sucre glace

4 blancs d'œufs

1 noisette de beurre pour les moules

1 pincée de sel

Astuces_ • Si vous n'avez pas de moule à financiers, sachez que vous pouvez préparer cette recette dans un grand plat à gratin. • Pour un démoulage au top, utilisez des moules en silicone...

la botte secrète d'aude et leslie
Et quand ce n'est plus la saison des myrtilles, préparez vos financiers avec des petits morceaux de fruits confits ou même nature.

le tuyau de laurence

Si vous voulez bluffer vos potes, ajoutez 2 cuil. et demie à café de poudre de thé vert Matcha : c'est délicieux et surtout la couleur est épatante.

le verre de vin qui va bien
Proposez un petit verre de frontignan bien frais. Très agréable.

Bons plans régressifs

Le meilleur moyen de retomber en enfance et d'oublier la grisaille du monde adulte c'est de se concocter toutes les petites recettes qui nous chatouillaient les papilles à l'époque. Qu'on les ai préparées nous-même ou avec notre maman, ces recettes sont nos petits coins de nostalgie et de paradis. En dévorant un hot-dog maison ou un gratin de macaronis, vous verrez, vous perdrez dix ans en un clin d'œil. Et côté sucré, laissez-vous tenter par un gâteau roulé au Nutella ou des mini-chaussons aux pommes qui rythmaient nos goûters du mercredi après-midi.

Quand, en plus, on sait que ces recettes sont tellement simples à réaliser, on se dit que ce serait vraiment dommage de passer à côté. Alors lancez-vous et vous n'aurez plus qu'à fermer les yeux en suçotant un roudoudou maison. Et n'oubliez pas que pour être un cuistot régressif, il faut lécher toutes les cuillères en bois qui traînent dans le chocolat fondu...

Lasagnes de maman

PRÉPARATION 35 MIN I **CUISSON** 30 MIN I **COÛT** ★★ I **DIFFICULTÉ** ★★

1 Épluchez les échalotes et coupez-les finement. Épluchez la gousse d'ail et hachez-la. Dégraissez le jambon et hachez-le.

2 Dans une grande poêle, faites fondre 1 noisette de beurre. Ajoutez les échalotes et faites-les revenir 3 min. Puis ajoutez successivement l'ail, le veau haché et le jambon. Salez et poivrez généreusement. Laissez cuire 8 min environ. Lavez et coupez finement la ciboulette et le persil plat que vous ajouterez à la fin de la cuisson de la viande.

3 Pendant ce temps, préparez la béchamel. Faites fondre les 50 g de beurre à feu doux dans une casserole. Hors du feu, ajoutez la farine et mélangez à l'aide d'un fouet. Remettez la casserole sur le feu et faites cuire le mélange 2 min sans cesser de tourner. Puis versez le lait en continuant de fouetter jusqu'à ce que la préparation soit bien lisse. Ajoutez le mélange quatre-épices. Portez à ébullition en remuant constamment. Quand le mélange bout, laissez cuire la béchamel 3 min environ. Salez et poivrez bien.

4 Préchauffez le four à 200 °C (th. 6-7). Lorsque la viande est cuite, mélangez-la avec le coulis de tomate.

5 Pour monter vos lasagnes, étalez 1 noisette de beurre dans un grand plat à gratin. Puis alternez, en couches successives, les feuilles de lasagne, la viande hachée et la béchamel. Répétez l'opération jusqu'à épuisement des ingrédients en terminant par 1 feuille de lasagne. Parsemez de comté râpé et mettez au four 25 à 30 min environ. Servez *illico presto*.

Les ingrédients pour 4 à 6 personnes

2 échalotes

1 gousse d'ail

200 g de jambon blanc

2 noisettes de beurre

500 g de veau haché

½ botte de ciboulette

½ botte de persil plat

40 cl de coulis de tomate

9 feuilles de lasagne précuites

100 g de comté râpé

sel et poivre

Pour la sauce béchamel

50 g de beurre

50 g de farine

50 cl de lait

2 pincées de mélange quatre-épices

sel et poivre

Astuces_ • Si vous n'avez pas de mélange quatre-épices, vous pouvez le remplacer par de la noix de muscade ou tout simplement le zapper. • Vous pouvez préparer ces lasagnes la veille. Réchauffez-les au four ou même au micro-ondes. Elles sont tout aussi délicieuses le lendemain.

Salade de riz du dimanche soir

PRÉPARATION 15 MIN I **CUISSON** 2 MIN I **COÛT** ★ I **DIFFICULTÉ** ★

→ ÇA NE COUPAIT JAMAIS : TOUS LES DIMANCHES SOIR, AUDE RÉCLAMAIT
CETTE SALADE DE RIZ À SA MAMAN. ELLE EST TOUTE SIMPLE ET POURTANT...

1 Dans une casserole d'eau bouillante salée, faites
cuire les œufs jusqu'à ce qu'ils soient durs (10 min).
Faites cuire le riz 2 min au micro-ondes (encore dans
son sachet).

2 Pendant ce temps, lavez les tomates et coupez-les
en quartiers. Égouttez le maïs et le thon. Préparez
la sauce : dans un grand saladier, mélangez l'huile,
le vinaigre et la moutarde. Salez et poivrez. Une fois les
œufs cuits, égouttez-les et écalez-les sous l'eau froide.
Puis coupez-les en rondelles.

3 Une fois le riz cuit, égouttez-le et passez-le sous
l'eau froide. Puis égouttez-le à nouveau et déposez-le
dans le saladier. Mélangez bien pour que le riz
s'imprègne de sauce. Puis ajoutez les tomates, le maïs,
les œufs durs et le thon. Rectifiez l'assaisonnement.
Mélangez délicatement et c'est prêt.

Les ingrédients pour 4 personnes

5 œufs

1 sachet de riz long grain cuisson rapide
(125 g)

5 tomates

1 boîte moyenne de maïs
(300 g environ poids net total)

1 grosse boîte de thon à l'huile d'olive
(200 g environ poids net total)

Pour l'assaisonnement

4 cuil. à soupe d'huile d'olive

2 cuil. à soupe de vinaigre de vin rouge

½ cuil. à soupe de moutarde

sel et poivre

Astuces_ • À vous de customiser cette salade de riz en ajoutant des olives, des fines
herbes ou encore des filets d'anchois. • Si vous ne trouvez pas de sachet cuisson rapide,
rabattez-vous sur du riz long grain cuisson normale (12 min).

Gratin de macaronis aux lardons

PRÉPARATION 15 MIN | **CUISSON** 30 MIN | **COÛT** ★ | **DIFFICULTÉ** ★ |

MATÉRIEL SPÉCIFIQUE 1 CASSEROLE, 1 POÊLE, 1 PLAT À GRATIN

1 Beurrez un plat à gratin et préchauffez votre four à 180 °C (th. 6).

2 Mettez une grande casserole d'eau salée sur le feu. Quand l'eau bout, versez les macaronis, mélangez et baissez un peu le feu. Laissez cuire le temps indiqué sur le paquet pour avoir des pâtes *al dente* (elles cuiront encore après l'ajout de la béchamel). Égouttez et reversez les pâtes dans la casserole.

3 Mettez vos lardons à cuire dans une poêle. Quand ils sont légèrement dorés, sortez-les du feu et versez-les dans la casserole de pâtes. Ajoutez la béchamel et les $\frac{2}{3}$ du fromage. Salez, poivrez et versez dans le plat. Saupoudrez le reste du fromage râpé sur le dessus.

4 Enfournez pour 20 min. Terminez par un passage sous le gril pour parfaire le dessus du gratin.

Les ingrédients pour 4 personnes

250 g de macaronis

200 g de lardons

50 cl de béchamel prête à l'emploi

150 g de fromage râpé

1 noix de beurre pour le plat

sel et poivre

Pour varier_ • Vous pouvez faire cette recette sans les lardons si vous voulez juste un accompagnement. • Par contre, pour une version plus complète, ajoutez 2 tomates coupées en cubes ou 150 g d'épinards hachés.

la botte secrète d'aude et leslie

Pour les plus « morfalous » d'entre vous, troquez les macaronis contre des crozets, ces fameuses petites pâtes carrées savoyardes. Dans ce cas, faites-les cuire 20 min dans de l'eau bouillante.

Pizza tomates cerise et mozzarella

PRÉPARATION 6 MIN I **CUISSON** 14 MIN I **COÛT** ★ I **DIFFICULTÉ** ★

→ AH ! LES JOIES D'UNE PIZZA MAISON... ET LA JOIE DE CELUI QUI PEUT DIRE
« C'EST MOI QUI L'AI FAIT ! »...

1 Préchauffez le four à 240 °C (th. 8). Étalez la pâte
à pizza sur la plaque du four en conservant
le papier de cuisson.

2 Dans un bol, mélangez le concentré de tomate avec
4 cuil. à soupe d'eau, l'origan et le sucre. Poivrez
généreusement. Étalez ce mélange sur la pâte à pizza.
Puis recourbez légèrement les bords. Égouttez
la mozzarella et coupez-la en fines tranches.

3 Lavez et coupez les tomates cerise en deux.
Répartissez sur la pâte la mozzarella et les demi-
tomates face coupée vers le haut. Parsemez d'olives
et de basilic finement coupé. Arrosez le tout d'1 filet
d'huile d'olive. Faites cuire au four 13 à 14 min environ
jusqu'à ce que la mozzarella soit bien fondue.

Les ingrédients pour 4 personnes

1 pâte à pizza toute prête

1 petite boîte de concentré de tomate
    (70 g environ)

3 pincées d'origan

2 pincées de sucre en poudre

125 g de mozzarella

150 g de tomates cerise

1 petite poignée d'olives noires

3 cuil. à soupe de basilic ciselé surgelé

1 filet d'huile d'olive (facultatif)

sel et poivre

Astuces_ • À la place de la préparation au concentré de tomate, vous pouvez utiliser
un coulis de tomate tout prêt. • Si vous n'avez pas d'origan, remplacez-le par du thym
ou des herbes de Provence.

la botte secrète d'aude et leslie
À vous de customiser votre pizza en ajoutant des lamelles de jambon cru,
des tomates séchées, des champignons émincés ou encore des lardons poêlés...

le tuyau de laurence

Pour cette recette utilisez la mozzarella vendue en pain et non celle en boule
(qui convient en revanche mieux pour les salades). Cette variété de mozzarella
a l'énorme avantage de ne pas rendre d'eau pendant la cuisson !

le truc de stéphan

Si finalement vous n'êtes pas si pressé que cela, laissez la pizza reposer 30 min
avant de la cuire : en fermentant, elle aura encore plus de saveur.

Les mini hot-dogs de Leslie

PRÉPARATION 20 MIN | **CUISSON** 10 MIN | **COÛT** ★★ | **DIFFICULTÉ** ★

→ CETTE RECETTE TOTALEMENT RÉGRESSIVE EST UN VRAI BONHEUR. FACILE ET RAPIDE À RÉALISER, ELLE FAIT TOUJOURS UN TABAC, ALORS FAITES COMME MA COPINE LESLIE : REPLONGEZ EN ENFANCE !

1 Préchauffez le four à 180 °C (th. 6). Fendez les petits pains navette en deux dans le sens de la longueur, sans les ouvrir complètement.

2 Dans un bol, mélangez la crème et la moutarde ; poivrez. Ajoutez le fromage râpé et mélangez bien à nouveau. Répartissez cette préparation dans les pains. Disposez-les sur la plaque du four et faites cuire 10 min.

3 Pendant ce temps, faites chauffer une casserole d'eau. Coupez chaque saucisse en trois et plongez-les 5 min dans l'eau bouillante. Égouttez-les.

4 Sortez les petits pains du four. Déposez un morceau de saucisse dans chaque pain. Recouvrez d'un peu de sauce ketchup et refermez. Servez chaud.

Les ingrédients pour 24 pièces

24 petits pains navette

1 cuil. à soupe de crème

1 cuil. à soupe de moutarde de Dijon

150 g de fromage râpé

8 saucisses de Strasbourg

sauce ketchup

poivre

Pour varier_ Vous pouvez remplacer les petits pains navette par des minicroissants.

Brioches farcies au saumon fumé et à l'aneth

PRÉPARATION 15 MIN I **CUISSON** 5 MIN I **COÛT** ★ I **DIFFICULTÉ** ★

1 Préchauffez le four à 180 °C (th. 6). Coupez le saumon en lamelles. Découpez le chapeau des brioches et creusez l'intérieur pour enlever la mie. Mettez les brioches au four 5 à 6 min environ pour qu'elles dorent.

2 Pendant ce temps, préparez les œufs brouillés : cassez les œufs dans un saladier et battez-les à l'aide d'un fouet. Faites chauffer la noisette de beurre dans une casserole et versez-y les œufs battus. Salez et poivrez. Faites cuire à feu doux pendant 5 min environ en les battant énergiquement avec un fouet ou une fourchette. Ajoutez la crème fraîche, l'aneth et la ciboulette à la fin de la cuisson.

3 Farcissez les brioches avec les œufs brouillés. Rajoutez quelques lamelles de saumon sur le dessus avant de les recouvrir de leur chapeau. Servez *illico presto*.

Les ingrédients pour 6 personnes

2 tranches de saumon fumé

6 brioches

8 œufs

1 cuil. à soupe de crème fraîche

1 cuil. à soupe d'aneth coupé

1 cuil. à soupe de ciboulette coupée

1 noisette de beurre pour la casserole

sel et poivre

Astuce_ Si vos œufs brouillés sont trop cuits, pas de panique : ajoutez 1 jaune d'œuf cru ou 1 petite noisette de beurre pour qu'ils retrouvent leur onctuosité.

la botte secrète d'aude et leslie

Testez aussi les œufs à la coque en brioche : après avoir évidé les brioches, cassez un œuf dans chacune d'entre elles et faites cuire 10 min environ dans un four préchauffé à 200 °C (th. 6-7). Juste avant de servir, ajoutez au choix des lamelles de saumon, de jambon ou des copeaux de foie gras. Tout simplement bluffant !

le verre de vin qui va bien

Proposez ces brioches surprises avec un chardonay juste frais.

Brandade de morue à ma façon

DESSALAGE 12 H | **PRÉPARATION** 25 MIN | **CUISSON** 8 MIN | **COÛT** ★★ | **DIFFICULTÉ** ★★

1 Faites dessaler la morue : rincez les filets puis déposez-les, la peau vers le haut, dans une passoire que vous plongerez dans une bassine d'eau froide. Laissez dessaler 12 h en changeant l'eau 3 fois.

2 Portez à ébullition une grande casserole d'eau. Ajoutez la morue et laissez cuire 8 min à feu doux. À la fin de la cuisson, égouttez-la, ôtez la peau et les arêtes, et émiettez-la.

3 Épluchez les gousses d'ail et hachez-les après avoir ôté le germe. Dans une casserole, faites chauffer 15 cl d'huile. À feux doux, ajoutez la morue et mélangez énergiquement à l'aide d'une cuillère en bois pour obtenir une pâte onctueuse. Ajoutez l'ail et poivrez.

4 Faites tiédir le reste d'huile et le lait, puis versez-les petit à petit et en alternant. Mélangez sans cesse pendant 12 à 15 min jusqu'à obtention d'une pâte lisse qui ressemble à une purée de pommes de terre.

Les ingrédients pour 4 à 6 personnes

1 kg de morue salée (en filets)
2 gousses d'ail
35 cl d'huile d'olive
25 cl de lait
poivre

Astuces_ • Si vous n'avez pas le temps de faire dessaler la morue, remplacez-la par de la morue déjà dessalée. • Si votre brandade est trop molle, ajoutez 2 petites pommes de terre cuites écrasées à la fourchette. Et si elle est trop compacte, rajoutez un peu de lait. • Pour un côté encore plus fondant, troquez la moitié du lait contre de la crème liquide.

la botte secrète d'aude et leslie

Pour une petite note acidulée, ajoutez 1 filet de jus de citron juste avant de servir.

le truc de stéphan

Pour donner une autre saveur à cette brandade, parfumez l'huile en y ajoutant l'ail haché et quelques feuilles de basilic. Faites chauffer sans laisser frire, laissez refroidir, filtrez et utilisez.

Coquillettes gratinées chipolatas et cheddar

PRÉPARATION 15 MIN | **CUISSON** 25 MIN | **COÛT** ★ | **DIFFICULTÉ** ★

→ UNE RECETTE TOTALEMENT RÉGRESSIVE POUR DES PLATEAUX-TÉLÉ AU TOP
QUI PLAÎT AUX PETITS COMME AUX GRANDS.

1 Préchauffez le four à 210 °C (th. 7). Dans une grande
casserole d'eau bouillante salée, versez 1 cuil.
à soupe d'huile d'olive et faites cuire les coquillettes
al dente comme indiqué sur le paquet (9 min environ).

2 Piquez les chipolatas avec une fourchette pour
éviter qu'elles n'éclatent lors de la cuisson.
Dans une grande poêle antiadhésive, faites chauffer
1 noisette de beurre. Ajoutez les chipolatas et faites-les
cuire 10 min environ. Découpez-les en petits tronçons
et saupoudrez-les de paprika. Ôtez la croûte
du cheddar et râpez-le.

3 Une fois les pâtes cuites, égouttez-les bien
et déposez-les dans un saladier. Salez et poivrez.
Ajoutez la crème liquide et les chipolatas. Mélangez.

4 Répartissez les pâtes aux chipolatas dans un plat
à gratin ou dans quatre grands ramequins.
Parsemez le tout de cheddar râpé. Mettez au four
12 min, puis terminez la cuisson par 1 min sous le gril.

Les ingrédients pour 4 personnes
1 cuil. à soupe d'huile d'olive
450 g de coquillettes
8 chipolatas
1 noisette de beurre
6 pincées de paprika en poudre (facultatif)
350 g de cheddar
4 cuil. à soupe de crème liquide
sel et poivre

Astuce_ Vous pouvez remplacer le cheddar par du gouda ou du comté râpé, et la crème
liquide par 1 belle noisette de beurre.

Pour varier_ **La même mais avec des pâtes alphabet.** Troquez simplement
les coquillettes par des pâtes alphabet. Vous pouvez remplacer le cheddar par des fromages
carrés à hamburger (type Toastinette).

la botte secrète d'aude et leslie
On a testé avec des merguez à la place des chipos. Plus *spicy* mais tout aussi fun !

le verre de vin qui va bien
Régressez en mangeant, et maintenez-vous à flots en buvant ! Essayez un madiran.

Brunch création

PRÉPARATION 15 MIN I **CUISSON** 10 MIN I **COÛT** ★ I **DIFFICULTÉ** ★

→ UNE RECETTE PARFAITEMENT RÉGRESSIVE QU'IL EST BON DE SE CONCOCTER
UN DIMANCHE MATIN QUAND ON S'ACCORDE UN PEU DE TEMPS
POUR UN PETIT DÉJEUNER OU UN BRUNCH COMME ON LES AIME.

1 Déposez délicatement les œufs dans une casserole d'eau froide. Portez à ébullition et faites cuire 3 min. Égouttez les œufs mollets et mettez-les sous l'eau froide pour enlever la coquille.

2 Lavez et séchez les tomates, coupez-les en quatre, ôtez les graines et coupez la chair en petits dés. Lavez et séchez les pousses d'épinard.

3 Mettez l'huile à chauffer dans une poêle. Faites frire le bacon jusqu'à ce qu'il soit presque croustillant et mettez-le sur un papier absorbant.

4 Toastez les tranches de pain de mie dans le grille-pain, tartinez-les généreusement de fromage frais, poivrez et saupoudrez de pignons de pin. Recouvrez de pousses d'épinard puis de dés de tomate. Ajoutez le bacon et déposez l'œuf mollet sur le dessus. Poivrez, salez et servez aussitôt.

Les ingrédients pour 4 personnes

4 œufs

2 tomates

1 poignée de jeunes pousses d'épinard

1 cuil. à soupe d'huile d'olive

8 tranches de bacon

4 tranches de pain de mie complet
    « spécial sandwich »

50 g de fromage frais (type Saint Môret)

2 cuil. à soupe de pignons de pin

sel et poivre

la botte secrète d'aude et leslie

Pensez à remplacer les tomates fraîches par des tomates séchées. Un délice !
Sachez que vous pouvez les trouver chez les traiteurs italiens ou en bocal
dans les rayons spécialisés des supermarchés.

Quiche complète

PRÉPARATION 10 MIN I **CUISSON** 40 MIN I **COÛT** ★ I **DIFFICULTÉ** ★

1 Préchauffez votre four à 180 °C (th. 6). Étalez la pâte feuilletée dans un moule en conservant le papier sulfurisé. Découpez le surplus de papier. Piquez le fond de pâte à la fourchette.

2 Lavez les tomates et coupez-les en cubes.

3 Cassez les œufs dans un saladier, versez la crème et battez-les en omelette. Ajoutez le fromage râpé, les tomates, salez, poivrez et mélangez. Versez cette préparation sur le fond de pâte. Enfournez pour 40 min.

Les ingrédients pour 4 à 6 personnes

1 pâte feuilletée à dérouler

2 tomates

6 œufs

30 cl de crème fraîche épaisse

200 g de fromage râpé

sel et poivre

Pour varier_ • Remplacez les tomates par 1 belle courgette râpée ou coupée en petits dés. • Ajoutez 200 g d'épinards que vous aurez bien égouttés et pressés pour enlever leur eau. Dans ce cas, tapissez le fond de tarte avant de verser la préparation aux œufs.

la botte secrète d'aude et leslie
Avec des petits lardons légèrement grillés glissés dans la préparation, cette quiche a un petit goût inimitable.

le truc de stéphan

Remplacez le fromage râpé par du beaufort : il est parfois vendu très bon marché lors des promotions.

Brochettes de bananes et chamallows à la sauce chocolat

PRÉPARATION 30 MIN I **CUISSON** 1 MIN I **COÛT** ★ I **DIFFICULTÉ** ★

→ AH ! LE BON GOÛT DES CHAMALLOWS BIEN DORÉS ET FONDUS JUSTE CE QU'IL FAUT...

1 Pelez les bananes et coupez-les en morceaux. Prenez des piques métalliques et embrochez alternativement les fruits et les bonbons.

2 Pour la sauce, coupez le chocolat en petits morceaux avec un couteau, et versez-les dans un grand bol. Dans une casserole, mélangez le lait et le sucre, portez à ébullition, sortez du feu et versez le liquide sur le chocolat. Mélangez avec une cuillère en bois et assurez-vous que tout le chocolat soit bien fondu. Laissez de côté.

3 En tenant les brochettes du bout des doigts avec des gants adaptés, approchez-les du feu (cheminée ou barbecue) et laissez cuire pendant quelques secondes en les retournant une ou deux fois. Les fruits doivent rester assez fermes et les chamallows ne pas trop fondre. Pour cela, vous devez les approcher assez près de la source de chaleur.

4 Placez les brochettes cuites sur les assiettes et nappez-les avec la sauce au chocolat, chaude, tiède ou froide selon votre envie. Vous pouvez aussi servir la sauce à part et laisser vos amis tremper leurs chamallows comme ils le souhaitent.

Les ingrédients pour 4 personnes
4 bananes
20 chamallows

Pour la sauce
200 g de chocolat noir
20 cl de lait
30 g de sucre

la botte secrète d'aude et leslie

Pour un goûter 100 % américain, servez ces brochettes de chamallows avec des tartines de *peanut butter* (beurre de cacahuète) et un jus d'airelles (groseilles). Testé et approuvé lors de nos séjours linguistiques dans le fin fond du Kentucky !

le tuyau de laurence

Saupoudrez d'un peu de noix de coco râpée au moment de servir.
Super au goût et super à l'œil !

Quatre-quarts marbré de maman

PRÉPARATION 15 MIN | **CUISSON** 45 MIN | **COÛT** ★ | **DIFFICULTÉ** ★

Les ingrédients pour 6 personnes

180 g de beurre

3 œufs

180 g de sucre en poudre

180 g de farine

1 sachet de sucre vanillé

2 cuil. à soupe de cacao en poudre

1 noisette de beurre pour le moule

1 pincée de sel

1 Préchauffez le four à 180 °C (th. 6). Faites fondre le beurre au micro-ondes. Séparez les blancs des jaunes d'œufs. Mettez une pincée de sel dans les blancs, et, en battant avec un fouet, montez-les en neige bien ferme. Réservez les jaunes.

2 Dans un saladier, mélangez à l'aide d'une cuillère en bois le beurre fondu avec le sucre jusqu'à ce que le mélange blanchisse. Ajoutez les jaunes d'œufs puis la farine. Mélangez à nouveau.

3 Répartissez la pâte dans deux grands bols. Versez le sucre vanillé dans le premier bol et le cacao dans le second. Mélangez bien chaque préparation. Ajoutez délicatement, sans les casser, la moitié des blancs en neige dans la pâte à la vanille. Répétez l'opération pour la pâte au cacao.

4 Dans un moule à cake beurré, versez la pâte à la vanille. Recouvrez-la de la pâte au chocolat. Faites cuire au four 45 min environ.

Pour varier_ **Quatre-quarts aux pépites de chocolat**. Pour une version encore plus simple : ajoutez 100 g de pépites de chocolat à la fin de l'étape 2, ajoutez délicatement les blancs en neige et mettez directement au four.

Milk-shake banane-chocolat

PRÉPARATION 10 MIN **l COÛT ★ l DIFFICULTÉ ★**

1 Dans un bol, faites fondre le chocolat en poudre
et le sucre avec 10 cl d'eau bien chaude.
Épluchez les bananes et coupez-les en rondelles.

2 Passez au mixeur le lait avec les bananes coupées,
le chocolat sucré et la glace au chocolat,
jusqu'à l'obtention d'un milk-shake mousseux.

3 Versez le tout dans 4 grands verres. Réalisez
des copeaux de chocolat blanc à l'aide d'un couteau
économe et parsemez-les sur le dessus de chaque
milk-shake. Servez immédiatement avec une paille.

Les ingrédients pour 6 personnes

4 cuil. à café de chocolat en poudre

4 cuil. à café de sucre en poudre

10 cl d'eau

3 bananes

1 l de lait entier

4 boules de glace au chocolat

30 g de chocolat blanc

Astuces_ • Ce milk-shake est encore meilleur accompagné d'une grosse noisette
de crème Chantilly sur le dessus. • Vous pouvez remplacer les bananes par des poires.

la botte secrète d'aude et leslie

Une recette idéale pour les enfants. Pour la rendre encore plus ludique, n'hésitez
pas à décorer les verres de vermicelles multicolores. Vous pouvez aussi troquer
la glace au chocolat contre des glaces plus originales : parfum « cookies and cream »
ou glace au Nutella.

le truc de stéphan

Si vous en disposez, faites cette recette avec des mini-bananes que l'on trouve
dans les rayons « fruits exotiques » ; leur saveur est bien meilleure que celle
des bananes classiques.

Soupe de fraises Tagada et fraises des bois

PRÉPARATION 15 MIN | **CUISSON** 5 MIN | **COÛT** ★★ | **DIFFICULTÉ** ★

1 Lavez les fraises et équeutez-les. Rincez les fraises des bois à l'eau courante. Dans une casserole, portez le lait à ébullition. Ajoutez 8 fraises Tagada en mélangeant sans cesse pendant 3 min environ. Puis filtrez le lait à travers une passoire et déposez-le dans le bol du mixeur. Laissez bien refroidir. Pressez le demi-citron.

2 Ajoutez dans le lait les fraises, les fraises des bois, le jus de citron et le sucre glace. Mixez bien jusqu'à obtention d'une soupe onctueuse. Répartissez-la dans 4 verres transparents avec 1 fraise Tagada fendue en deux sur le bord. Servez *illico presto*.

Les ingrédients pour 4 personnes

500 g de fraises

300 g de fraises des bois

20 cl de lait

12 fraises Tagada

½ citron

3 cuil. à soupe de sucre glace

la botte secrète d'aude et leslie

Pensez à garder quelques fraises des bois pour la déco.

Crêpes roulées à la confiture

RÉALISATION DES CRÊPES AVEC LE TEMPS DE REPOS 50 MIN | **PRÉPARATION** 5 MIN |

COÛT ★ | **DIFFICULTÉ** ★

→ ON NE POUVAIT PAS PASSER À CÔTÉ DE CE GRAND CLASSIQUE
DE NOS GRANDS-MÈRES. IDÉALES POUR UN PETIT GOÛTER AVEC LES COPINES !

1 Préparez la pâte à crêpes. Versez la farine et le sel dans un saladier et creusez un puits. Dans un bol, fouettez les œufs, le lait et le beurre fondu, puis versez dans le puits de farine. Fouettez à nouveau pour obtenir une pâte fluide. Laissez reposer 30 min. Faites cuire huit crêpes.

2 Étalez les crêpes et tartinez-les d'1 fine couche de confiture. Roulez-les, déposez-les dans un plat et saupoudrez de sucre glace avant de servir.

Les ingrédients pour 8 crêpes

1 assortiment de pots de confiture
   (de fraise, de framboise, d'abricot, etc.)

2 cuil. à soupe de sucre glace

Pour la pâte

125 g de farine

2 œufs

25 cl de lait

20 g de beurre fondu

20 g de beurre pour la cuisson

1 pincée de sel

Astuce_ Associez à vos confitures quelques herbes finement coupées avec des ciseaux. Testez sans plus attendre fraise et menthe, abricot et basilic, orange et mélisse, etc.

Pour varier_ Essayez également ces crêpes avec de la gelée et accompagnées d'1 boule de sorbet.

le tuyau de laurence

Coupez les extrémités des crêpes, puis coupez-les en quatre. Placez tous ces tronçons de crêpes dans un plat et servez avec un thé.

le truc de stéphan

Savez-vous comment la pâte à crêpes passe de l'état liquide à l'état solide ?
Par cuisson de l'amidon, coagulation des œufs et évaporation. Donc, plus vous mettez de farine et d'œuf, plus vite cuisent vos crêpes... et inversement.

Mon premier gâteau au yaourt

PRÉPARATION 15 MIN | **CUISSON** 30 MIN | **COÛT** ★ | **DIFFICULTÉ** ★ |

MATÉRIEL SPÉCIFIQUE 1 MOULE À MANQUÉ

→ SI, ENFANT, VOUS N'AVEZ JAMAIS FAIT DE GÂTEAU AU YAOURT, C'EST LE MOMENT OU JAMAIS DE VOUS LANCER ET DE COMBLER CETTE ÉNORME LACUNE.

1 Préchauffez votre four à 180 °C (th. 6) et beurrez votre moule.

2 Versez le yaourt dans un saladier et gardez le pot pour mesurer les autres ingrédients.

3 Ajoutez les œufs et le sucre puis mélangez. Ajoutez la farine et la levure puis mélangez à nouveau. Terminez par l'huile. Fouettez bien pour obtenir une pâte homogène. Versez dans le moule.

4 Enfournez et laissez cuire 30 min. Vérifiez la cuisson avec la pointe d'un couteau. Démoulez sur une grille et laissez refroidir.

5 Coupez le gâteau en deux dans l'épaisseur, badigeonnez la partie du bas de confiture puis recouvrez avec la partie supérieure.

Les ingrédients pour 6 à 8 personnes

1 yaourt nature

3 œufs

2 pots de sucre

3 pots de farine

1 sachet de levure

3/4 pot d'huile

1 pot de confiture de votre choix

1 noix de beurre pour le moule

Pour varier_ Sur cette base de gâteau au yaourt vous pouvez varier les plaisirs :
• Tapissez le fond du moule de rondelles d'ananas au sirop égouttées et saupoudrez de noix de coco râpée une fois le gâteau démoulé. • Faites de même avec d'autres fruits au sirop : poires, pêches ou abricots. • Ajoutez des pépites de chocolat dans la pâte.

la botte secrète d'aude et leslie

Nous, on adore glisser des pépites de caramel (rayon pâtisserie des supermarchés) et des noix de pécan concassées dans la pâte. À déguster tiède évidemment...

Chouquettes farcies

PRÉPARATION 40 MIN | **CUISSON** 25 MIN | **REPOS** 1 H | **COÛT** ★★ | **DIFFICULTÉ** ★★ |

MATÉRIEL SPÉCIFIQUE PAPIER SULFURISÉ OU 1 PLAQUE À PÂTISSERIE

→ VOUS POUVEZ FAIRE CES CHOUQUETTES TOUT SIMPLEMENT. JE VOUS DONNE NÉANMOINS UNE ALTERNATIVE AUX PROFITEROLES AVEC UNE GARNITURE DE MOUSSE AU CHOCOLAT. INVERSEZ VOS HABITUDES ET SERVEZ-LES AVEC DE LA GLACE VANILLE !

LAURENCE

1 Préchauffez votre four à 180 °C (th. 6). Recouvrez votre plaque de four de papier sulfurisé et beurrez-le. Si vous avez une plaque à pâtisserie, beurrez-la.

2 Mettez le beurre à fondre dans une casserole. Ajoutez 10 cl d'eau, le lait, le sucre et le sel puis portez à ébullition. Hors du feu, ajoutez la farine et mélangez avec une cuillère en bois. Remettez la casserole sur feu doux et remuez énergiquement jusqu'à ce que la pâte forme une boule et n'adhère plus ni à la cuillère, ni à la casserole. À ce moment-là, sortez la casserole du feu et transvasez cette pâte dans un saladier. Ajoutez les œufs un à un tout en mélangeant.

3 À l'aide d'une cuillère à soupe ou d'une poche à douille, déposez des petits tas de pâte sur une plaque à pâtisserie. Enfournez et laissez cuire 25 min.

4 Cassez le chocolat en carrés et mettez-le à fondre au bain-marie. Séparez les blancs des jaunes d'œufs. Hors du feu, ajoutez les jaunes au chocolat fondu et mélangez vigoureusement. Montez les blancs en neige ferme puis incorporez-les au chocolat. Mélangez à l'aide d'une spatule et remplissez une poche à douille avec la mousse au chocolat.

5 Faites un trou à la base des choux et garnissez-les de mousse. Déposez dans un plat et saupoudrez de sucre glace. Mettez 1 h au froid avant de déguster.

Les ingrédients pour 25 chouquettes
100 g de beurre
10 cl de lait
1 cuil. à soupe de sucre en poudre
100 g de farine
3 œufs
1 noix de beurre pour la plaque
1 pincée de sel

Pour la garniture
100 g de chocolat noir dessert
3 œufs
2 cuil. à soupe de sucre glace

le tuyau de laurence

Si vous voulez des grains de sucre sur vos chouquettes, commandez-les chez votre boulanger et saupoudrez les choux avant de les enfourner.

le verre de vin qui va bien

Proposez un verre de loupiac frais avec ces délicieuses bouchées.

Sablés de Noël à la confiture

PRÉPARATION 20 MIN | **CUISSON** 15 À 18 MIN ENVIRON | **REPOS** 2 H 15 | **COÛT** ★★ | **DIFFICULTÉ** ★★ |

MATÉRIEL SPÉCIFIQUE 1 PLAQUE À PÂTISSERIE OU PAPIER SULFURISÉ, 1 EMPORTE-PIÈCE ROND DE 6 CM DE DIAMÈTRE ENV. + 1 AUTRE DE 2 CM ENV.

→ VOUS AVEZ TOUS CRAQUÉ SUR LES FAMEUX BISCUITS À LA CONFITURE EN FORME DE LUNETTES QUAND VOUS ÉTIEZ PETITS. VOILÀ UNE RECETTE QUI S'EN INSPIRE.

1 Préchauffez votre four à 180 °C (th. 6). Beurrez votre plaque à pâtisserie ou recouvrez votre plaque de four de papier sulfurisé et beurrez-le.

2 Faites ramollir le beurre et versez-le avec le sucre dans le bol de votre robot. Mixez pour obtenir une boule de pâte pâle et crémeuse. Ajoutez la cannelle, le jaune d'œuf et mixez à nouveau. Terminez par la farine et la poudre d'amandes, et mixez une dernière fois pour obtenir une boule de pâte.

3 Taillez les fruits confits en tous petits dés et ajoutez-les à la pâte. Malaxez pour les répartir. Enveloppez de film transparent et placez 2 h au réfrigérateur.

4 Étalez la pâte sur une feuille de papier sulfurisé pour obtenir une épaisseur de 3 à 4 mm environ. Placez à nouveau 15 min au réfrigérateur.

5 Avec le grand emporte-pièce, détaillez la pâte en ronds en essayant d'avoir le moins de chutes possible. Avec le petit emporte-pièce, enlevez un rond de pâte au centre de la moitié des ronds obtenus. Placez les ronds de pâte sur la plaque. Enfournez et laissez cuire 15 à 18 min environ, jusqu'à ce qu'ils soient dorés. Sortez du four et faites glisser la feuille de papier sulfurisé sur le plan de travail. Mettez à refroidir.

6 Tartinez les biscuits pleins de confiture puis recouvrez-les avec les biscuits troués. Pressez-les légèrement et saupoudrez-les de sucre glace.

Les ingrédients pour 6 sablés

250 g de beurre

170 g de sucre en poudre

½ cuil. à café de cannelle

1 jaune d'œuf

200 g de farine

80 g de poudre d'amandes

150 g de fruits confits
(angélique, cerise, zestes...)

confiture de fraises épaisse

2 cuil. à soupe de sucre glace

1 noix de beurre pour la plaque

Astuce_ Prenez une confiture ou une gelée assez ferme, sinon gare aux fuites !

le tuyau de laurence

Vous pouvez varier les formes des sablés du moment que celui du dessus comporte un trou ! Délicieux également avec une marmelade d'orange.

Roudoudous

PRÉPARATION 30 MIN I **COÛT** ★ I **DIFFICULTÉ** ★

→ RETOMBEZ DIRECTEMENT EN ENFANCE : COMMENCEZ PAR RAMASSER DE JOLIS COQUILLAGES, REMPLISSEZ-LES ET SOYEZ FIER DE VOUS !!

1 Lavez vos coquillages et plongez-les dans une casserole d'eau bouillante. Laissez bouillir 10 min et égouttez-les sur un linge propre.

2 Versez le sucre et 25 cl d'eau dans une casserole et mettez sur feu doux. Mélangez jusqu'à ce que le sucre soit totalement dissous. Augmentez le feu et laissez bouillir doucement 20 min.

3 Sortez du feu, ajoutez quelques gouttes de colorant rouge et d'arôme fraise et mélangez. Versez délicatement la préparation dans les coquillages propres et secs. Laissez refroidir à l'air libre et sucez dans les 2 jours !

Les ingrédients pour 15 à 20 coquillages selon la taille
450 g de sucre en poudre
colorant alimentaire rouge
arôme fraise

le tuyau de laurence

Vous trouverez différents colorants alimentaires et arômes au rayon aide culinaire en pâtisserie. Laissez libre cours à votre imagination.

le truc de stéphan

Si vous avez un thermomètre, interrompez la cuisson du sucre à 155 °C. C'est un moyen infaillible pour ne pas vous tromper.

Gâteau roulé au Nutella

PRÉPARATION 20 MIN I **CUISSON** 20 MIN I **COÛT** ★ I **DIFFICULTÉ** ★★

→ POUR SOULAGER VOS COUPS DE CAFARD, RIEN NE VAUT LE NUTELLA. ET QUAND EN PLUS IL EST NICHÉ DANS UN GÂTEAU ROULÉ, C'EST CARRÉMENT LE NIRVANA !

1 Préchauffez le four à 210 °C (th. 7). Séparez les blancs des jaunes pour 3 œufs. Mettez les 3 blancs dans un saladier avec une pincée de sel, et, en battant avec un fouet, montez-les en neige bien ferme.

2 Dans un autre saladier, battez à l'aide d'un fouet les 3 jaunes d'œufs avec 3 œufs entiers. Ajoutez le sucre en poudre et le sucre vanillé. Mélangez à nouveau jusqu'à l'obtention d'une préparation mousseuse. Ajoutez les blancs en neige délicatement sans les casser. Puis ajoutez la farine en pluie et mélangez bien.

3 Sur la plaque du four recouverte de papier sulfurisé, versez la pâte de façon à obtenir un rectangle (de 1 cm d'épaisseur environ). Faites cuire au four 15 à 20 min. À la sortie du four, laissez refroidir la pâte quelques minutes.

4 Tartinez le biscuit de Nutella, selon vos goûts, puis roulez-le sur lui-même en serrant bien. Posez le gâteau sur un plat. Dans un bol, mélangez le cacao et le sucre glace. Saupoudrez le gâteau roulé de cacao sucré juste avant de servir.

Les ingrédients pour 8 à 10 personnes

6 œufs

180 g de sucre en poudre

1 sachet de sucre vanillé

100 g de farine

1 petit pot de Nutella (220 g)

1 cuil. à soupe de cacao en poudre

1 cuil. à soupe de sucre glace

1 pincée de sel

Astuces_ • Pour obtenir une couche uniforme, saupoudrez le cacao et le sucre glace à travers une passoire fine. • Pour un succès garanti auprès des enfants, saupoudrez le gâteau de vermicelles chocolatés ou de mini-smarties. Pensez à appliquer préalablement une très fine couche de Nutella, pour que les décorations tiennent.

le truc de stéphan

Ne tardez pas à rouler votre gâteau dès qu'il est cuit car il sèche très rapidement et risque ensuite de se craqueler en laissant s'échapper le fourrage.

Madeleines dodues au chocolat

PRÉPARATION 15 MIN **I RÉFRIGÉRATION** 1 H **I CUISSON** 10 MIN **I COÛT** ★ **I DIFFICULTÉ** ★ I

MATÉRIEL SPÉCIFIQUE MOULES À MADELEINES

1 Râpez le zeste de la demi-orange. Réservez.
Dans un saladier, mélangez les œufs, le sucre
en poudre et le sucre vanillé. Battez énergiquement
à l'aide d'un fouet jusqu'à l'obtention d'une préparation
mousseuse.

2 Ajoutez la farine, la levure, les pépites et le zeste
d'orange râpé. Mélangez à nouveau. Mettez
au réfrigérateur 1 h environ.

3 10 min avant la fin du temps de réfrigération,
préchauffez le four à 210 °C (th. 7). Faites fondre
le beurre au micro-ondes, ajoutez-le à la préparation
et mélangez jusqu'à l'obtention d'une pâte onctueuse.

4 Versez la pâte dans des moules à madeleines
beurrés, aux ¾ seulement. Pour faciliter cette
étape, utilisez un récipient avec un bec verseur.
Faites cuire au four 10 min environ jusqu'à ce que
les madeleines soient bien dorées.

Les ingrédients pour 6 personnes
(24 madeleines environ)

1/2 orange non traitée

3 œufs

150 g de sucre en poudre

1 sachet de sucre vanillé

200 g de farine

1 sachet de levure chimique

100 g de pépites de chocolat

170 g de beurre

1 noisette de beurre pour les moules

Astuce_ Le zeste d'orange est facultatif.

Pour varier_ Pour une version encore plus chocolatée, remplacez la moitié
de la farine par 150 g de chocolat noir fondu. Supprimez alors le zeste d'orange
et les pépites de chocolat.

la botte secrète d'aude et leslie

Pour un démoulage au top, pensez aux moules en silicone. Dans ce cas, posez
vos moules sur la plaque du four avant de verser la pâte à madeleines. S'ils ne sont
pas tous utilisés, versez de l'eau dans les moules vacants pour éviter de les abîmer.

Gâteau au chocolat de Zette

PRÉPARATION 15 MIN | **CUISSON** 15 À 20 MIN | **COÛT** ★ | **DIFFICULTÉ** ★ |

MATÉRIEL SPÉCIFIQUE 1 MOULE À MANQUÉ

→ C'EST LA RECETTE DE GÂTEAU AU CHOCOLAT DE MA GRAND-MÈRE, QUE VOUS APPRÉCIEREZ SI VOUS ÊTES DINGUE DE CHOCOLAT. JE LE PRÉPARE VRAIMENT FONDANT, VOIRE COULANT... AVEC UNE CRÈME ANGLAISE OU UNE BOULE DE GLACE À LA VANILLE.

LAURENCE

1 Préchauffez votre four à 200 °C (th. 6-7). Beurrez votre moule.

2 Séparez les blancs des jaunes d'œufs et coupez le beurre en petits dés.

3 Mettez le chocolat à fondre au bain-marie puis ajoutez le beurre. Quand le mélange est fondu et lisse, ajoutez le sucre et les jaunes d'œufs. Mélangez bien.

4 Montez les blancs en neige et incorporez-les au chocolat. Ajoutez la farine et mélangez bien.

5 Versez la pâte dans votre moule. Baissez votre four à 180 °C (th. 6) puis enfournez le gâteau. Laissez cuire de 15 à 20 min selon votre goût.

Les ingrédients pour 6 à 8 personnes

6 œufs

100 g de beurre

250 g de chocolat

200 g de sucre

50 g de farine

1 noix de beurre pour le moule

la botte secrète d'aude et leslie

Pour les plus gourmands, ajoutez quelques éclats de chocolat blanc dans la pâte. Mmm !

le tuyau de laurence

Vous pouvez aussi faire ce gâteau dans des moules individuels, moules à financiers par exemple. Dans ce cas, réduisez la cuisson à 10 min si vous l'aimez coulant, et allez jusqu'à 15 min si vous le préférez plus cuit.

Minichaussons aux pommes

PRÉPARATION 10 MIN | **CUISSON** 20 MIN | **REPOS** 1 H | **COÛT** ★ | **DIFFICULTÉ** ★ |

MATÉRIEL SPÉCIFIQUE 1 EMPORTE-PIÈCE DE 10 CM DE DIAMÈTRE. SI VOUS N'EN AVEZ PAS, FABRIQUEZ UN PATRON AVEC UNE FEUILLE CARTONNÉE.

1 Farinez le plan de travail et étalez vos paquets de pâte feuilletée sur 2 à 3 mm d'épaisseur. À l'aide de votre emporte-pièce, ou de votre feuille cartonnée, découpez des ronds de pâte en minimisant les chutes. Jetez les restes de pâte.

2 Déposez 1 cuil. de compote au centre de chaque rond. Mouillez légèrement le bord de la pâte, sur 1 cm environ, et refermez vos chaussons en rabattant la pâte pour obtenir des demi-cercles. Appuyez bien avec les doigts pour sceller les chaussons. Placez au réfrigérateur au moins 1 h avant la cuisson.

3 Préchauffez votre four à 200 °C (th. 6-7).

4 Fouettez le jaune d'œuf avec une goutte d'eau et badigeonnez le dessus des chaussons aux pommes. Enfournez et laissez cuire 20 min. Pour qu'ils soient brillants, 5 min avant la fin de la cuisson, saupoudrez les chaussons de sucre glace puis remettez-les au four.

Les ingrédients pour 12 chaussons
2 pâtes feuilletées de 250 g à étaler
1 petit pot de compote de pommes
1 jaune d'œuf
1 cuil. à soupe de sucre glace

la botte secrète d'aude et leslie
Customisez votre compote de pommes en ajoutant 4 pincées de cannelle en poudre.

le tuyau de laurence

C'est super simple à faire et vous pouvez varier les goûts en remplaçant la compote de pommes par n'importe quelle autre compote. Vous en trouverez un grand choix au rayon frais de votre supermarché : pomme-fraise, pomme-châtaigne, rhubarbe...

le truc de stéphan

Plus la différence de température entre la pâte feuilletée crue et le four est grande, plus elle gonfle et devient légère une fois cuite. Si vous avez le temps, laissez vos chaussons 3 h au frais avant de les enfourner.

Table des recettes

Table des matières

Ma recette qui dépote...

La cuisson saveur
avec le gaz naturel

Profiter de la douceur d'instants partagés, de sourires et de fous rires autour d'un plat mitonné ensemble... C'est aussi goûter au confort de vie DolceVita qui, grâce au gaz naturel, nous offre une cuisine toute en saveurs.

Cuisiner avec le gaz naturel est une évidence. Précise et sûre, l'intensité de la flamme peut varier à loisir. Souple et modulable, elle saisit en toute puissance ou fait doucement mijoter, instantanément, d'un seul geste, comme par magie ! La cuisson au gaz naturel s'adapte à toutes les envies, pour des recettes toujours gagnantes. C'est un atout de plus pour réussir du plus simple au plus élaboré des repas !

UNE CUISSON SAVOUREUSE ET MOELLEUSE
En brûlant, le gaz naturel produit de l'humidité. Inutile donc de rajouter de l'eau en cours de cuisson aux plats qui cuisent au four. De plus, la cuisson dans un four alimenté au gaz naturel préserve les sels minéraux contenus dans les aliments. Viandes, poissons, volailles, tartes et gratins dorent lentement, tendrement et délicieusement…

UNE CUISSON SUR MESURE
La cuisson au gaz naturel, c'est aussi, aujourd'hui, avoir accès à de nombreuses innovations technologiques. Les brûleurs se sophistiquent en se dotant de fonctions sur mesure :
• le brûleur « wok » à double anneau de flammes permet de mitonner à l'orientale ou à l'asiatique, mais également de concocter d'inimitables confitures ;
• le brûleur « mijotop » transmet la chaleur, sans contact avec la flamme. Il est approprié aux cuissons délicates ;
• le brûleur « poissonnière » permet de cuire uniformément les poissons et viandes de grande taille.
Ces brûleurs nouvelle génération sont également pensés pour nous faciliter la vie. Plus efficaces en termes de puissance, ils sont aussi plus faciles à entretenir. Fini les grilles difficiles à nettoyer, les nouveaux brûleurs 3 branches se mettent directement au lave-vaisselle !

LA PRÉCISION EN PLUS
Pour un confort d'utilisation maximal, les cuisinières au gaz naturel sont pourvues de systèmes de réglage de haute précision.
L'allumage est instantané grâce au système électronique ; une seule main suffit pour allumer sous les casseroles ! Par ailleurs, sur les appareils les plus récents, un minuteur associé à chaque brûleur coupe automatiquement l'arrivée de gaz naturel quand le temps programmé est écoulé.

LE GAZ NATUREL, UNE ÉNERGIE ÉCONOMIQUE
Faire la cuisine au gaz naturel, c'est aussi choisir l'une des énergies les moins chères du marché qui, assortie à des équipements performants et à des tarifs ajustés à votre consommation annuelle, vous permet de cuisiner en toute liberté.

POUR EN SAVOIR PLUS SUR LES OFFRES DOLCEVITA
Vous pouvez joindre un Conseiller Gaz de France au :
0 810 140 150 (prix d'un appel local)
ou vous connecter sur l'espace DolceVita du site
www.gazdefrance.fr

Gaz de France, SA au capital de 903 000 000 € - 542 107 651 RCS Paris - Photos : Médiathèque Gaz de France/Nathalie de Moussac - Conception/Réalisation : UNJEDITE

Le conseil DOLCEVITA DE GAZ DE FRANCE

• **Pour une bonne cuisson** et un meilleur entretien de vos ustensiles, utilisez toujours des casseroles aux diamètres adaptés à la taille des brûleurs de votre cuisinière. Réglez l'intensité de la flamme de sorte qu'elle ne dépasse pas les bords des récipients.

Gaz de France
Dolce Vita

Remerciements

L'équipe de stylistes remercie les boutiques suivantes pour leur collaboration :
Alessi : p. 64 (fourchette) ; Bali Barret au Monoprix : p. 32 (verres) ; Bambou au Bon Marché : pp. 47 (petit bol) et 234 ; BHV : p. 182 (bols) ; Bodum : pp. 74 (salière et poivrier) et 142 ; Conran shop : p. 136 (torchon) ; Fresh : p. 117 (assiette) ; Guy Degrenne : pp. 64 (grande tasse), 129 (grande tasse et soucoupe) et 265 (assiette) ; Habitat : pp. 47 (assiette), 63 (assiette), 68 (bol), 129 (set), 175 (bol), 179 (set en fourrure), 275 (assiette) et 253 (verre) ; Home Autour du Monde : p. 28 (bol) ; Ikéa : pp. 115 et 141 (sets) ; Jars au Printemps : p. 125 (assiette et bol) ; Lafayette Maison : p. 265 (set et bol) ; Le Bon Marché : p. 57 (serviette et tasse en carton) ; Le Creuset : p. 127 (cocotte) ; Le grand comptoir : p. 305 (boîte) ; Liberty, Londres : pp. 30, 66, 69, 214, 263 et 277 (tissus) ; Monoprix : pp. 37 (tablier, assiette, chemise), 64 (assiette) et 180 (petite saucière et min i plat à gratin) ; Potiron : p. 154 (verres) ; Rosenthal : p. 91 ; Villeroy & Boch : p. 255 (bol en verre) ; Zero One One : pp. 129 (serviettes en lin) et 179 (bol en résine).

Toutes les photos de reportage ont été réalisées par Philippe Vaurès-Santamaria.

Direction, Stephen Bateman et Pierre-Jean Furet
Responsable éditoriale, Brigitte Éveno
Conception graphique, Dune Lunel
Réalisation, Les PAOistes
Coordination et suivi éditorial, Mélanie Le Neillon
Fabrication, Amélie Latsch
Partenariats, Sophie Augereau (01 43 92 36 82)

L'éditeur remercie Florence Lescoffit pour son aide précieuse
et ses relectures attentives.

Imprimé en Espagne par Graficas Estella - dépôt légal : octobre 2006
23.01.7174.01.8 • 2012371744